¿Cómo coño te olvido?

Vuelve a despertar feliz

R. Romojaro

Escribí este libro con la idea de ayudar a quien estuviese tan jodid@ como yo, para que pudiese ver una salida a su sufrimiento.

Si te ha gustado, por favor deja una reseña para hacer que este libro de esperanza llegue a más gente.

Cuando escribas tu reseña, envíame un correo de confirmación a r.romojaro@gmail.com y tendrás acceso, de manera gratuita, a una hora de charla vía Skype para ayudarte a superar esta situación y hacer que te sientas mucho mejor.

Mi más sincero agradecimiento.

Rodrigo Romojaro

Este no es un libro más, incluso creo que ni siquiera podría considerarse un libro en sí.

No es un libro con una historia divertida que te viene bien para entretenerte de camino al trabajo cuando vas en el metro, una historia con dragoncitos, castillos y princesitas.

En este "libro" voy a ser claro y directo para que sea más ameno, útil y efectivo. Quiero transmitirte paso a paso, y desde mi experiencia, cómo salir de esta mierda en la que estás metida ahora, y ayudarte a que te aclares, a que entiendas qué te está pasando y hacer que confíes en mí para que dejes de sufrir pronto.

Como te he dicho, mi intención es que vuelvas a ser feliz, y después veremos si vuelves con él o no, o qué es lo que pasa, pero lo único importante aquí eres tú y conseguir que vuelvas a despertarte feliz.

Voy a ser muy directo y conciso, serán cosas clave para que lo superes, como si fuesen las instrucciones del DVD, donde te pone muy clarito dónde tienes que pulsar para que te grabe la película cuando no estás en casa o dónde lo programas para apagarse por si te quedas dormida.

Esto será una conversación de mí hacia ti, como la que podrías tener con tu mejor amiga cuando la llamas toda jodida y le dices: «Tía, necesito que vengas, estoy hecha una mierda. Ahora te cuento».

Es más, este libro, si es que puede llamarse así, solo funcionará en base a tu sufrimiento. Si de verdad lo estás pasando mal te sentirás identificada y devorarás las páginas al comprobar que tú eres la protagonista de todo esto y que va contigo.

Si, por el contrario, lo estás leyendo por leer, por curiosidad, seguramente te parecerá una tontería, exactamente como si te leyeses el manual del DVD de tu vecino que ni siquiera es de la misma marca que el tuyo. O tal vez te venga bien. Quizá leas todo y, el día de mañana, si te encuentras en la situación de estar jodida por amor recordarás todo esto y sabrás cómo superarlo desde el primer minuto.

También tienes que saber que todo esto no funcionará hasta que tú no hayas decidido curarte. No servirá de nada todo lo que leas si no tienes una intención sincera y clara de volver a estar bien, y me explico:

—Si aún dudas si perdonar esos cuernos.

—Si todavía piensas que vas a volver a tirar tu orgullo a la mierda y vas a volver con él otra vez casi en secreto, sin que se entere tu grupo de amigas, porque te avergonzarías de ti misma si te viesen tragar con todo y volver con él después de todo lo que ha pasado.

—Si resulta que te falta al respeto y ya lo has perdonado mil veces antes, y aunque ni te sientes querida, ni te ves con él en un futuro, la falta de valor para cambiar la situación te va a hacer perdonar una vez más y seguir aguantando solo porque eres una cobarde y tienes miedo a estar sola.

Si alguno de estos es tu caso, NO LEAS MAS, cierra esto. Agarra el móvil, vete al WhatsApp que lo tienes cerquita, y le mandas un mensaje diciéndole que eres una mierda, que no te quieres, que ni te suena que es eso del amor propio, que ni siquiera tú misma te respetas, pero a pesar de todo, incomprensiblemente esperas que él sí lo haga.

Sigue leyendo si, por el contrario, te has dado cuenta que ya no hay futuro con él, que lo que necesitas es sentirte bien otra vez, volver a ser quien eras cuando le conociste, cuando todavía te despertabas feliz.

Si has decidido que vas a empezar a pensar con la cabeza de una puta vez y vas a asumir que lo principal eres tú, que vas a recuperarte, que vas a quitarte esa angustia de la cabeza y ese dolor del corazón, y que una vez estés bien y la vida vuelva a ser algo bonito, decidirás si intentas volver con él o si ir a por otro, o a por otra... o si mejor vas a estar sola, entonces sigue leyendo, por favor.

Este será el inicio de un túnel que tienes que recorrer, tendrás que hacerlo con mis indicaciones y tienes que saber que habrá momentos jodidos, momentos en los que quieras volver atrás, momentos en los que te desesperes porque estás haciéndolo todo perfecto, pero vuelves a tener un mal día y no sientes que avanzas.

Habrá veces que vayamos por la mitad del camino y no veas la salida, y tendrás que seguir hacia delante por un acto de fe, por no rendirte. Tendrás que confiar en mí, tener cojones y la cabeza fría, así que sincérate contigo misma en este momento y decide hasta la última consecuencia si quieres curarte al margen de él o si aún tienes dudas.

Si estás segura de seguir, adelante, sigamos.

Y si no lo estás es mejor que cierres esto, como te decía antes, pero que lo guardes en algún lugar donde puedas encontrarlo para seguir desde aquí cuando lo necesites, porque, créeme... Lo necesitarás.

Te darás cabezazos intentando lo imposible hasta que algún día, ya harta de meter la pata y ver que no mejoras, salga de ti el pensar "hasta aquí". Entonces ese día buscarás este mismo punto para que sigamos, exactamente donde lo dejamos.

Sea como sea, quiero que sepas que decidí escribir este libro el día que me despedía de la última persona con la que he compartido mi vida. Sentados al sol en un parque de Madrid después de unas sidras, viendo que tendría que volver a pasar otra vez por lo mismo, quise utilizar el revivir de todos los sentimientos pasados de desamor para escribir esto y ayudar a quien pase por lo mismo en el futuro. Escribiendo el libro que a mí me hubiese gustado leer hace muchos años, cuando todo esto me desbordaba y pensaba que me moriría de tristeza y angustia.

Soy el hombre más feliz del mundo cuando amigos, amigos de amigos, conocidos, gente que ha comprado el libro me hacen saber que han dejado atrás el sufrimiento y vuelven a despertar felices con ganas de comerse el mundo.

Quiero dedicarlo a la memoria y familia de Pablo Román y Juan Manuel Pérez, dos ángeles a los que no pudieron esperar para llevárselos al cielo.

Escrito en 2016-2017 en un lugar perdido al norte de Escocia.

Tu novio te ha dejado. O le has visto algo en el móvil y ahora resulta que no sabes si puedes volver a confiar en él. O peor: estaba con otra...

O a saber, quizá seas tú quién no sabe lo que quiere y decidiste dejarle y ahora, pasado un tiempo, le echas de menos y es él quien no quiere saber nada de ti.

O puede ser que hayas metido la pata un día de borrachera y has hecho algo que no debías. y ahora él te ha dejado por sentirse traicionado, y tú te sientes fatal.

Bueno, sea como sea, la historia es (y por eso estás leyendo esto) que estás jodida, y que estás harta de estarlo, y que quieres estar bien.

Muy bien, empezamos.

Lo primero que tienes que tener en cuenta:

No pienses que tu caso es especial y tú sufres más que cualquier otra. No me cuentes que solo fue un año pero que fue muy intenso y por eso ahora duele más... ni que erais la pareja ideal. No lo erais, por eso no estáis juntos.

Lo que te pasa le ha pasado a la gran mayoría de las personas de este mundo y, aunque te den ganas de dejar de leer con lo que te voy a decir porque te parecerá una gilipollez, lo que te ocurre es de lo más normal y hasta necesario.

En la vida vamos a tener, y además necesitamos, momentos buenos y malos, supongo que te suena el ying y el yang: estudiar pasándolas putas para después tener un buen trabajo y disfrutar del dinero; currar como una cabrona todo el día en algo que odias pero que después te permitirá pegarte ese viajazo y ser la tía más feliz del mundo cuando llegue el verano; verano en el cual, después de mucho sufrir entre dieta y deporte, te pasearás en plan chulita presumiendo de cuerpazo delante del grupo de tíos buenos que te miran en la piscina.

Como ves, en todos estos casos existe un beneficio final. Piensa cuando eras un bebé, pregúntales a tus padres la guerra que diste cuando te estaban saliendo los dientes. Tú ni te acordarás, pero seguro que sufriste, mucho más que ahora, cuando al salirte los dientecillos te rompían las encías, te daba fiebre y no parabas de llorar. En ese momento, si alguien te hubiese dicho: "espérate que esto te va a venir bien" seguramente hubieras pensado: "Vaya un gilipollas", ¿verdad? ¿Cómo coño te iba a venir bien esto?

Vale, ahora piensa cuál es tu comida favorita: ¿Pizza? ¿Hamburguesa? yo que sé. ¿Un chuletón?, ¿Pulpo a la gallega? Ahora dime cómo podrías tener esos momentos de felicidad total con tu vinito, cerveza o Coca-Cola en vacaciones, enfrente del mar, comiendo eso mismo

¿Cómo lo harías sin dientes? No podrías ¡ni de coña! por lo que, si no hubieses pasado ese mal rato, hoy tendrías que alimentarte de potitos.

A lo mejor ahora estás pensando qué tienen que ver los potitos con el sufrimiento que tú tienes. Bien, lo que te está pasando es un momento de cambio, de inflexión en tu vida, y ya no podrás volver atrás. Así que, si fuese tú, quitaría los datos del móvil para que no te distraiga el WhatsApp, y leería con toda la atención posible.

Antes de empezar con ello quiero dejarte algo claro: no soy más listo que tú, ni mucho menos, lo que hace que yo sea quien escribe y tú quien lee es que yo esto ya lo he pasado, y más de una vez, y por eso ya entendí el porqué de todo sentimiento y de cada pensamiento, aprendí a identificarlo y me di cuenta de que todas las veces son iguales y es el mismo proceso.

Es como si el amor tuviese solo una forma de actuar, independientemente de quién seamos nosotros o quién sea la persona de la que estamos enamorados. Lo que te pasa es que has llegado a un momento de aprendizaje, la cura para tu sufrimiento, y el hacer que pase toda esta angustia y tristeza, es crecer como persona. No hay más cojones, te guste o no. No te queda otra que aprender de esta experiencia y crecer, tendrás que renovarte y ser una versión 2.0 mejorada de quien has sido hasta hoy.

Nada, y repito, NADA va a cambiar si no cambias tú, empieza por asimilar esto.

¿Qué es lo que ha pasado? Aunque no lo creas da igual, no importa.

—Es que no sé por qué, pero se ha enfriado todo.

—Es que ya no es como antes.

—No es por ti, es por mí.

—Tienes todo lo que me gusta, pero tengo dudas.

—Creo que estoy contigo solo por comodidad, sin chispa.

—Nunca encontraré a nadie como tú, pero...

—Te mereces más de lo que yo puedo darte.

—Sé que la estoy cagando y me arrepentiré, pero...

—Te quiero, pero de otra forma.

—Me agobia mi ___ (trabajo, amigos, familia, estudios...).

—Tengo muchos problemas ahora. Solución: tú fuera.

—Eres la mejor persona que conocí, pero...

—Te quiero con toda mi alma, pero necesito estar solo.

—Te dejo porque me siento solo.

—La cosa se ha enfriado.

—Te quiero tanto que lo mejor es que te deje.

—Me duele tomar esta decisión, pero...

—Creo que nuestra relación no tiene futuro.

—Quiero que sigamos siendo amigos.

—Quiero tener una vida de libertad.

—Siempre serás la más atractiva del mundo, pero...

—Nunca me olvidaré de ti, pero...

—Gracias por las sonrisas y los buenos ratos, pero...

—En un futuro quién sabe, pero en este momento...

—Necesito estar solo para sentirme libre.

—No hay ninguna otra.

—No siento que seas la mujer de mi vida.

—Ahora mismo no puedo, quizá en unos años te llame.

—Lo hago por tu bien.

—Me he acostumbrado a estar sin ti.

—Sé que eres la mujer de mi vida, pero...

—No eres tú, soy yo.

—No sos vos, soy sho (en argentino).

—Me arrepentiré, pero...

—Necesito tiempo para ver si te echo de menos.

—Ya no es lo mismo de antes.

—Es lo mejor para los dos.

—Soy muy joven y quiero vivir la vida, quizá en el futuro.

—Se acabó la chispa.

—Quiero ser cura y voy a ingresar en un monasterio.

—Mereces que te den el 120 % y yo no puedo.

—Me merezco algo mejor que tú.

—Quiero estar solo, te prometo que no hay nadie más

—Te quiero muchísimo, pero necesito tiempo para mí.

—Tengo que concentrarme en mi profesión/estudios.

—Estoy hecho un lío y necesito tiempo.

—Necesito un tiempo separados.

Aquí antes de seguir, me gustaría meter con calzador el famoso "necesito un tiempo":

Cuando nos piden tiempo para pensar, significa, por lo general, que ya está todo pensado. Que no quieren estar con nosotros, pero son cobardes y no tienen cojones para arriesgarse y dar el paso adelante.

Si alguien nos quiere, nos tiene que querer a muerte, y sino no nos vale a medias. Cuando alguien nos pide un tiempo, por supuesto que se lo damos sin pensarlo... Todo el tiempo del mundo además, o sea, a tomar por el culo desde ese mismo momento.

No puedo ni imaginarme la crueldad de alguien que deja a otra persona jodida, esperando e impaciente, sabiendo que lo está pasando mal, durante "Un tiempo indefinido" y sigue haciendo su vida tan feliz, entrando y saliendo, sabiendo que la otra persona está sufriendo esperando, lo que le da la tranquilidad de saber que, si la cosa no va bien, tiene al otro ahí seguro.

Ni tiempo ni hostias, tú nunca necesitaste tiempo para saber si le querías a él, siempre le quisiste.

Te voy a hablar de un amor distinto, pero es un amor al fin y al cabo: ¿Necesita tu madre alguna vez separarse un tiempo de ti para ver si te quiere?

Otro ejemplo que me hizo darme cuenta es que yo amo al Atlético de Madrid, y no le amo solo cuando gana, es que cuando perdemos la puta final otra vez y nos hundimos, voy al armario, cojo la camiseta y no me la quito en dos días y lo amo más aún, y cuanto peor nos va, más orgulloso estoy y menos pienso en dejarlo. Nunca jamás en mi vida he pensado en hacerme del Celta o del Betis a ver que tal un par de semanas y si no me mola mucho me vuelvo al Atleti.

Pues con esto pasa lo mismo.

Dar tiempo es un error totalmente, en el momento en el que nos piden tiempo todo está perdido ya y solo servirá para destrozarnos los nervios y hundir nuestra autoestima, esto ya solo puede acabar mal. El amor es el sentimiento más simple y básico que tenemos, es binario total, puede ser "I" o puede ser "O", y no hay nada entre medias, o quieres o no quieres, el estar "confundido/a" es "O", o sea, NO querer, pero quizá esté a gusto porque le haces compañía. Lo que desde luego no es, es "I" (querer).

Querer es como casarse, o estás casado o no estás casado, pero no puedes estar "un poco casado".

Como has visto con esto, o con los ejemplos de antes, sea cual sea la razón el fin siempre es el mismo, y es que él ya no quiere estar contigo.

Tienes que entender que el amor es libre, ni se puede, ni mucho menos se debe atar a alguien, y eso es, precisamente, lo bonito de todo esto:

Que alguien, libremente, decida compartir su tiempo, su felicidad y su vida contigo.

Si lo ha hecho durante un tiempo, pero ya no quiere seguir haciéndolo, respétalo, y entiende que es mejor dejar ir a la otra persona a intentar retenerla dando pena, con tristeza o, peor aún, con chantajes.

No caigas en el error de aferrarte a alguien que ya no te quiere, que prefiere hacer otras cosas en su vida antes que compartir su tiempo contigo. Simplemente sé una persona digna, quiérete a ti misma, respétate como a la que más y déjale ir.

Y si es verdad que quieres a esa persona, hazle como último regalo lo más bonito que se puede dar en esta vida que es la libertad.

Dale la libertad de elegir, la libertad de irse en paz, la libertad que da no sentirse mal sabiendo que te hace daño con su decisión; simplemente sonríe, deséale lo mejor, abrázale y deja que se vaya.

Hazlo con honor, abrázale y vete con la cabeza alta, actúa como una mujer, no montes numeritos. Te estarás haciendo un favor a ti misma y le estarás mandando a la otra persona, pero sobre todo a ti, el mensaje: de "Si tu no me quieres, me da igual, porque ya me quiero yo", y esto, el quererte a ti, será muy importante en este proceso de recuperarte y también en tu nueva vida.

Y no te arrastres nunca. Aunque él dude y te deje puertas abiertas, aunque te diga que no está seguro. Si te quiere vendrá por si solo a ti sin necesidad de que le llames, le supliques o hasta le llores. Y si resulta que nunca vuelve a ti, será porque definitivamente ya no te quería, y que prefería estar en la cama y en los brazos de alguien que no fueses tú, o en ningunos brazos ni en ninguna cama, pero, desde luego, ni en tus brazos ni en tu cama, por lo tanto, por más que suplicases dando pena, no sería la forma de recuperarle porque no le apetecía una mierda estar contigo.

Así que aprende a quererte y a tener dignidad, nada es más importante que tú, debes recordártelo constantemente.

No te machaques a cada momento si tu pareja conoce a otra persona y descubres que te engaña, o le pillas con los planes de hacerlo, o a lo mejor te ha dicho que necesita un tiempo y tonta de ti, tú se lo has dado y después has descubierto que ese tiempo era para tirarse a otra y tranquilamente ver si está bien con su nueva amiguita o si te echa de menos y decide volver contigo después de alegrarse el cuerpo.

No es tu culpa, no te sientas idiota, hiciste lo que creíste mejor, lo menos agobiante para él, y si había terceras personas tú no viviste una mentira, tú amaste de verdad, el problema es suyo, que sí vivió una mentira, y lo que es peor, fue por decisión propia.

Ni siquiera vale la pena que te pongas de mala hostia por esto, ni te sientas ridícula o te avergüences de no haberte dado cuenta, no te sientas gilipollas, nadie te ve así, solamente tú en esta situación de confusión. Desde fuera se ve a una buena mujer tratada injustamente por un hijo de puta. Piensa que esto le pasa a una amiga tuya, ¿Pensarías que ella es gilipollas y él muy listo? o ¿Pensarías que ella no tiene culpa de nada y él es un payaso y un imbécil y pasarías a cogerle tirria? Pues eso.

Y tampoco pierdas tiempo en vengarte, puedes estar segura de que la vida devolverá mentiras con mentiras más gordas y traiciones con traiciones más jodidas, y todo lo infeliz que te ha hecho con sus mentiras le volverá multiplicado, porque eso es lo que ha sembrado.

Y cuando ese momento llegue, tu sonrisa en su cara, al ver cómo el tiempo le ha puesto en su lugar, será tu mejor venganza.

Sé fuerte, sé inteligente y espera tu momento, no te desesperes, no te encabrones y sueltes mierda por la boca o busques la manera de hacerle daño, solo conseguirás demostrarle que no eres capaz de superarlo y él aún te importa y por eso actúas así, será peor para ti.

Quiero contarte, en este punto, una anécdota mía contada en primera persona que es 100 % real:

Yo estuve enamorado de / obsesionado con una chica, tanto que la veía espectacular, muchas veces incluso me sentía inferior a ella, cosa que, por cierto, vosotras notáis a kilómetros y os hace perder todo interés, pero bueno, ese es otro tema.

Todo era perfecto, yo la miraba con fascinación, era de esas que sabes que la gente dice: "vaya pedazo tía tiene este cabrón" y me solía sentir pequeño a su lado.

Bueno, por cosas de la vida, que a veces lo enreda todo, ella empezó a darle de lo lindo a la coca en su trabajo de camarera y ahí empezó a torcerse la cosa. Todo se fue enmierdando (como siempre hace la coca) y ya solo hubo caída tras caída, sufrir y volver a sufrir. La tía acabó enganchada perdida y su vida se convirtió en un puto desastre, todo el día puesta, con mentiras, no comía, no dormía casi, y cada día mientras trabajaba se bebía hasta el agua de los charcos.

Y por cosas del amor / obsesión yo seguía viéndola una tía buenísima y seguía completamente ciego con ella, incluso pensando que era demasiado pibón para mí y que acabaría yéndose con otro (alguno de esos amigos nuevos de compartir tiritos). Vamos, que perdí todo mi amor propio.

Pues después de muchos meses de lloros, peleas, promesas de que todo cambiaría, mentiras, recaídas, amagos de dejarla mil veces y todo el proceso que lleva dejar una puta relación tóxica hasta que se acaba, llegó el día en el que decidí poner los cojones en la mesa y decirle "hasta aquí" y mandarla a la mierda definitivamente.

Lo hice sabiendo que sería difícil, que conllevaría un luto, un tiempo jodido, como es normal, y muchas veces sintiéndome incapaz de renunciar a ella, pero decidí que ya estaba harto de perder mi vida con alguien así y que estaba dispuesto a sufrir lo que hiciese falta.

Y joder que si sufrí... casi me muero. Sufrí como un cabrón durante años. Además, seguía queriéndola y seguía pensando en ella 24 horas al día. Pasé años sin ver salida, sin ver avance alguno, sin dejar de pasarlo mal.

Me despertaba de mala hostia, odiando y triste, y me iba a la cama de la misma forma cada noche. Entonces decidí hacer algo para llenar mi tiempo, y me apunté al gimnasio, pero ni por salud ni hostias, sino pensando en que me viese en un futuro con un cuerpazo del copón y eso le jodiese.

Decidí crecer como hombre mientras vivía alejado de ella y no tenía noticia ninguna de su vida, con la idea de algún día reencontrarme y vengarme en frío, haciendo que se arrepintiese de no estar con el pedazo de tío en el que me iba a convertir.

Así que movido por ese dolor decidí hacer dinero, trabajar más, aprender a invertir mi dinero, estar más guapo... Decidí con una enorme rabia interior ponerme de puta madre, ser un tío bueno, para en un futuro, cuando el momento llegase, recoger mi orgullo y mi autoestima de donde pollas lo hubiese dejado y volver a la ciudad donde ella estaba para que viese lo que se había perdido (un pensamiento de imbécil visto ahora, aunque sé que en tu situación te sabría a gloria hacer algo así) .

Bueno, al final, aquel esfuerzo me sirvió para muchas otras cosas en mi vida. Esa idea me motivó durante muchos meses, quizá años. Yo seguía soñando con ella y seguía teniendo un poco de miedo al día que la viese, por ver que iba a sentir en ese momento.

Llegó el día dos años después. Volví por allí un verano. Yo estaba moreno, me veía de puta madre. Por aquellos días estaba conociendo a una chica nueva, la que casualmente es en gran parte responsable de que yo esté escribiendo esto ahora, aunque esa historia quizá la cuente más adelante, lo importante es que no fui con ella, sino que fui yo solo.

Yo ya pasaba de quedar con ella, ya me daba igual, no la busqué, pero me la encontré.

Estaba hecha una mierda, iba puesta hasta las orejas de coca y nada más que decía tonterías. Además, me dejó caer que si quería follar con ella.

Yo estaba sereno, normal, bien vestido, con una cervecita, con amigos. Y lo que pasó es que me dio lástima, ni siquiera tuve las ganas de chulearme, de hacerme el interesante para que viese cuánto había mejorado y cuánto se había perdido ella. No quise vengarme en frío como tantas veces planeé.

Ahora pienso en aquello y creo que sentí que sería abusar de alguien inferior, hubiese sido un mierda si aprovechaba ese momento para hacer daño a alguien tan débil.

Enseguida pensé que cómo coño yo pude haberme sentido inferior a ella en el pasado, y simplemente, en un tono ni bueno ni malo, sino con el tono de alguien a quien se la sopla todo eso, porque se sabe por encima, le dije que no, que no iba a irme con ella, ni a follar ni a ningún lado, que sinceramente, no me apetecía volver a verla nunca más y que le deseaba suerte, que seguramente la iba a necesitar.

Me giré, me terminé mi cerveza y me fui andando tranquilamente, sabiendo que en ese justo momento había cerrado por fin aquel capítulo de mi vida, sentía que por fin se cerraba al 100 %, y que además era como yo quería, quedando yo muy por encima, y extrañado porque al final no tuve que conseguirlo desde la maldad, sino que yo había mejorado tanto, que la situación y la sensación vinieron solas. Me quité todos mis fantasmas de una vez sin tener que hacer nada, solamente crecí durante el tiempo que pasó hasta volver a vernos.

Ella estaba muy jodida, hecha una puta mierda, y yo estaba que te cagas, yo lo noté, ella lo notó aún más. Jamás intentó volver a contactarme, supongo que por vergüenza. Yo a ella tampoco.

Como ves, no necesité vengarme, no necesité hablar mierda de ella a nuestros conocidos, no tuve que gastar un solo gramo de energía en hacerle daño. Solo necesité volcarme en mí y quererme yo, darme cuenta de cuánto valgo, y mientras me esforcé en ser alguien mejor, dejé que el tiempo pusiese a cada uno en su lugar.

Por eso mi consejo es que rehagas tu vida por tu lado y que no la malgastes ni tampoco tu tiempo ni tu energía en algo que no vale la pena como lo es buscar causar daño con la venganza. Eso es para cobardes y resentidas. Y tú no lo eres.

Bueno, ya habiendo terminado la anécdota, te repito que, sea como sea, deja que se vaya. Ya no es tu problema y tienes que saber decir adiós, pegar portazo, reinventarte y comerte el mundo, te ocurrirá con amigos también, y con trabajos que se terminen, pasará cíclicamente y tendrás que superarlo para ser mejor. ¿Te ves con fuerza y ganas para hacerlo?

Si la respuesta es NO, es buen momento para cerrar esto.

Entiendo que seguramente estés llena de celos y rabia porque piensas que ahora mismo estará tirándose a su nueva amiguita tan feliz, mientras tú estás jodidísma en tu puta casa. Encerrada muriéndote de la pena. Es normal que te sientas así; Le sientes tan tuyo que te revienta pensar que otra pueda tocarle.

Pero volvamos un poquito atrás, simplemente para que veas que no debes sentirte tan idiota, porque no lo fuiste. Es esa puta nube de tristeza, rabia, pena y celos la que te ciega y no te deja pensar con claridad. Voy a explicártelo lo mejor posible y, con otras palabras.

Vamos a ponerte a ti como ejemplo:

Imagina que un día te despiertas y estás genial con tu novio. Os lleváis de puta madre y ya pronto os vais a hacer ese viajecito que os hace ilusión. Os dais los buenos días con un beso, o por WhatsApp, o como sea, y cada uno va a lo suyo. Tú a tus clases y él a las suyas.

Por la tarde vas a la biblioteca a estudiar porque estás más tranquila que en casa que hay jaleo. Estando allí concentrada en lo tuyo, aparece un chico que nunca habías visto antes. Tiene una carita preciosa y su sonrisa al despedirse de su amigo te ha llamado la atención, y tú piensas "joder, qué bueno está este tío". Entra, se quita el abrigo y no es que sea una carita guapa, es que está para comérselo.

Sin más, se sienta, saca sus libros y se pone a lo suyo. Pasa la tarde y tú, después de repasarle unas cuantas veces con la mirada, terminas de hacer tus cosas, recoges y te vas a casa. Sin más, le olvidas. ¿Qué coño ibas a hacer si no? ¿Presentarte para invitarle a una Fanta? Y menos aun teniendo a tu novio en casa, ese a quien tanto quieres. Como mucho mandas algún WhatsApp en tu grupo de chicas y les dices que se venga la soltera contigo mañana y le tire fichas.

Llegas a casa y tu chico te pregunta que cómo ha ido tu día. ¿Qué haces? ¿Le cuentas que no sabes si has estado leyendo matemáticas o inglés porque con Brad Pitt allí en sus mejores tiempos no te has enterado de nada? Obviamente no, qué va. Le dices que bien ... que normal, que un poco coñazo y que vienes cansada, que estás deseando terminar pronto los exámenes y que le quieres mucho. La verdad es que tampoco piensas en el otro. Era un tío bueno y ya, como hay miles, no la cambiarías por tu novio ni de coña.

Entonces resulta que, al día siguiente, como siempre en época de exámenes, vas a la biblioteca a estudiar por la tarde y a estar tranquilita allí. Y llega él, hoy está aún mejor, lleva una ropa que le resalta más el cuerpazo que tiene y además viene arregladito, guapísimo. Él es como te gustan a ti los chicos: Sabe que está bueno pero no va de flipado, lleva el corte de pelo como a ti te gusta y sabe vestir, además, se ve en sus gestos que es muy masculino.

Vuelve a llamarte la atención y te despierta el instinto, pero tu sigues a tus libros. Él viene andando y se sienta cerca de ti, te sonríe con esa carita y te saluda antes de sentarse y ponerse a sus cosas. Encima el cabrón es un encanto, hay que joderse.

Te vas una hora después harta de no concentrarte por lo bien que huele y de darle vueltas a qué estará estudiando, de dónde será y que hace por allí últimamente cuando nunca había ido antes. Llegas a casa, otra vez la pregunta: ¿Qué tal tu día? Bien, como siempre...

Y cuando vas la semana siguiente a la biblioteca, allí está él, te saluda con una sonrisa enorme y tú le preguntas qué tal, te dice que bien, habláis un poquito, aprovechas para preguntarle todas esas cosas que te rondaban: Qué hace por allí, qué estudia, etc. Es super educado, es muy simpático y parece que está a gusto hablando contigo. Te sientas un poco apartado de él a estudiar con una sensación extraña, pensando que ese tío te gusta.

Os despedís hablando otro poquito y os decís vuestros nombres.

Al día siguiente habláis más, el siguiente más, e incluso el día que no aparece, sin darte cuenta estás esperando a que entre en cualquier momento por la puerta, buscándole con la mirada.

Definitivamente ese chico te gusta, qué coño, te encanta. Y tu novio sigue siendo tu novio y es el mejor... Pero joder cómo te mola este otro. ¿Crees que ya llegará el momento en el que le dirás a tu novio que viene un tío buenísimo a la biblioteca y que cada día te gusta más? ¿Para qué? Él solo es un conocido de la biblioteca y quizá llegue el día que no le veas nunca más, no vas a dejar a tu pareja por un tío que conoces de cuatro tardes allí.

Total, que llega el día que sales con tus amigas y tu novio se queda en casa con dolor de cabeza, sales a tomarte un par de cervezas que, al final son seis y tres ron con limón y un chupito de no sé qué.

Y te encuentras a este chico, que también ha salido con amigos. En cuanto os veis salís corriendo a saludaros, os dais dos besos con mucho cariño, demasiado. La verdad es que te alegras realmente de verle, te encanta esa sensación... y, joder, qué guapo está.

No pasa mucho más, tonteáis un poco, os echáis sonrisitas, algún gesto cariñoso, cogeros la mano... Empiezas a pensar que tú también le gustas a él. ¿Crees que ya por fin es el momento de decirle a tu novio lo que sientes por ese desconocido de la biblioteca? ¿De contarle que os habéis encontrado hoy y que habéis pasado todo el tiempo juntos, pero que sabes poco más que su nombre? Creo que no lo harías.

Al final se suceden las risas, el hablar... llegas a buscarle en Facebook, llegan los WhatsApp, llega que no quieras acostarte con tu novio como antes, llega el lío en tu cabeza.

Joder, tu novio no ha hecho nada mal pero no puedes evitar lo que el otro te hace sentir y, claro, nunca lo paraste porque nunca lo viste algo peligroso.

Él era solo un chico que iba a la biblioteca y tú tenías pareja, no supiste cuándo cortar la historia porque estabas segura de lo que sentías por tu novio. Pero, poco a poco, empezaste a estar más confundida, y siendo inevitable, llegará el día en que, si eres una mujer como debes, antes de hacer nada y estar con mentiras y cuentos, lo hablarás con tu novio, y le contarás la verdad y le dejarás porque ya no sientes lo mismo por él. Sino que ahora quieres compartir tu vida con este nuevo chico. Quizá hasta se lo digas llorando porque te rompe el corazón saber que le estás haciendo daño cuando él no se lo merece. Es un hombre espectacular, no tienes duda, pero joder, no le quieres ya como antes y no puedes hacer nada, no es algo que tu elijas. Ojalá pudiésemos enamorarnos conscientemente.

O quizá seas todo lo contrario a como una mujer de verdad debe ser y estés con mentiras y mierdas hasta que él te pille, porque la verdad siempre sale, y todo acabe mucho peor y hagas mucho más daño a la persona que tanto te ha querido durante todo este tiempo.

Sea como sea, ¿Qué opción tenías a todo esto? Tuviste que seguir lo que sentías y no viste más futuro con tu exnovio, y tus ganas y tu alegría estaban en este nuevo chico, y no le trataste de idiota, nunca dijiste nada de lo que pasaba porque no había nada de lo que preocuparse, y cuando lo hubo ya era tarde.

Hubieses actuado así, ¿verdad? ¿Y si ahora ponemos a tu ex como el protagonista de esta historia y a ti como la que se queda en casa porque le duele la cabeza? ¿Es entendible?

Puede ser que te estén jodiendo viva la rabia y los celos, pero todo vuelve a lo mismo, no es que te haya humillado o que hayas sido idiota por no haberlo visto venir, es simplemente que él ya no te quiere.

Caso aparte es si has estado con un gilipollas que se ha ido cepillando a todo lo que se le ha puesto por medio por inmadurez, falta de autoestima o porque es un mierda. Sea como sea, en este último caso, él ni te quiso, ni te quiere, ni te querrá, si eso es lo que ha pasado, deberías estar en eterna gratitud con la vida por haberte quitado de encima semejante personaje.

La conclusión de todo esto es que para que dos personas estén juntas se necesita amor, se necesita que se quieran, nada más. Si dos personas no siguen juntas es porque al menos una de ellas ya no quiere a la otra. Si tu vives en Madrid y la otra persona en Tokio y los dos os queréis, haréis lo imposible por estar juntos. No dejarás de pensar en él y él no dejará de pensar en ti, y no servirá la excusa de que la otra persona está lejos, esperaréis lo que haga falta, y toda decisión en vuestra vida la tomaréis consciente o inconscientemente para iros acercando cada vez más y finalmente estar juntos. Supongo que es la fuerza del corazón esa que cantaba Alejandro Sanz.

Así que espero que hayas entendido e interiorizado esto:

Respeta la decisión de la otra persona y déjala ir. Si tanto le quieres, regálale libertad, que es lo más bonito que hay en esta vida. Ten la cabeza alta y quiérete tú. Cuanto antes asimiles estas cosas básicas, antes saldrás de esta.

Cita de Fmaster en 2011:

"Ella no es como TODAS, ella es como somos TODOS. Buscamos nuestra felicidad. Por norma general, dejarnos no es un acto de maldad. Simplemente han dejado de querernos y nos dejan. Están en su perfecto derecho por mucho que nos joda. Luego hay muchas formas de hacerlo. Todas nos van a doler. Si lo hacen bien nos dolerá menos que si lo hacen mal. Pero que lo pasemos mal o peor depende en gran medida de nosotros mismos. Muchas veces salen por aquí expresiones del tipo "¿Por qué me hace esto ahora?". Punto de vista equivocado. No te están haciendo algo que te duele con ese fin. Van a su propio interés y puede que hagan algo que nos duela, pero será por egoísmo y no por maldad.

Si yo, por ejemplo, decido cruzar pisando el césped por no dar una vuelta más grande; es posible que pise a una hormiga al atravesar por el césped. Pero no es mi objetivo, simplemente es que no me importa una mierda pisar una hormiga buscando mi propio beneficio. No tiene mucho sentido que la hormiga se pregunte "¿Por qué me hace esto? ".

NO DESESPERES

No desesperes jamás en los malos momentos, todo lo malo tiene un fin, y lo bueno también.

Puedes ser la persona más feliz del mundo y llegará un punto en que acabe la felicidad porque vendrá algo malo, lo bueno de esto es que también pasará al contrario.

Así que no desesperes y ten claro que todo esto pasará, y volverás a ser feliz, y otra vez volverás a estar mal en el futuro, y tienes que entender todo ello como parte de la vida, darte cuenta lo preciosa que es, quererla como viene y tomar esto como parte del aprendizaje que tienes que hacer.

Aunque ahora lo veas jodido, aunque ahora estés mal, aunque no veas salida, todo sea una mierda o incluso creas que se te acaba el mundo, NO DESESPERES y simplemente ten fe, esto te lo prometo yo, que ESTO SE VA A ACABAR Y VAS A SER FELIZ.

NO DESESPERES, simplemente mientras llega ese día en que te despiertas feliz, que llegará, intenta hacer el camino lo más llano y llevadero posible. Y con todo esto te harás más fuerte, más sabia, y más completa.

Imagina que la vida es un camino de montañas con subidas y bajadas, y tú tienes un trineo que son tus experiencias y van contigo. Has estado deslizándote, disfrutando montaña abajo, pasándolo bien y riendo, has llegado abajo, donde estás ahora, y lo que toca es agarrar el trineo y subirlo a rastras hasta la cima otra vez, esforzándote y sufriendo. Cuando hayas llegado, serás más fuerte por haber cargado con el peso del trineo durante toda la subida y además sabrás apreciar mejor cada segundo de la siguiente bajada deslizándote, sabiendo cuánto cuesta volver hasta la cima, y cuando llegues abajo, tendrás que volver a agarrar tu trineo y volver a subir una montaña aún más grande, y tendrás que llegar arriba aún más fuerte, y lo harás con la ilusión de quien sabe que al final del camino de sufrimiento tirando del trineo, hay una recompensa enorme esperándote.

La vida está trayéndote algo positivo, algo que ni te imaginas, NO DESESPERES y ten fe en que al final del camino tienes tu recompensa. Míralo de esta manera: incluso la luz empieza a salir justo un instante después de la máxima oscuridad de cada noche.

Ten fe en que volverás a despertar y a vivir feliz, nadie muere de esto y muy mal tienes que hacer las cosas para acabar creándote un trauma.

Cito para ilustrar todo esto lo que escribió el Crápula en 2008:

"Enfrentarse al dolor es bueno, te hace renacer. Lo que es malo es acercarse a la fuente de dolor. De estos momentos malos, una persona fuerte aprende mucho. Hazte la pregunta siguiente y grábala en tu cabeza: ¿Por qué merece ella después de tratarte como lo ha hecho, que derrames lágrimas en su nombre? ¿De verdad estás dispuesto a perder tu batalla contra ti mismo por alguien que ha demostrado que no te quiere? Dentro de poco estarás muy por encima de eso.

Solo tienes 2 opciones: No recuperarla, y no recuperarte, o no recuperarla y recuperarte. Todo lo que salga de ahí es como intentar cambiar la órbita de la luna. No puedes. No se te escapó, se fue porque ella quiso y una vez que hizo eso, tú no puedes hacer nada por que vuelva, y sí mucho por ti. Ánimo, porque lo estás haciendo bien y en breve verás

*cómo da la vuelta todo, y tú estarás ahí, arriba, para
contemplarlo.*

EL AMOR PROPIO COMO CURA

Quiérete, quiérete más que nunca. Utiliza esa rabia, esas
ganas de venganza, esa tristeza, todo eso a tu favor. Haz
que sean útiles para salir de esto en lugar de ser lo que
peor llevas de este momento de tu vida. Sé inteligente. Te
voy a exponer distintos ejemplos para que de esa manera
lo entiendas más fácilmente.

Hay gente con el corazón roto que siente que no quiere
estar en la misma ciudad que la otra persona y decide que
es momento de volar, de coger la maleta e irse a esa
ciudad en el extranjero donde siempre se imaginó
haciendo nuevos amigos y aprendiendo un idioma,
empezando una nueva vida, algo que siempre le ilusionó
pero que nunca tuvo cojones a hacer.

Otros se refugian en el deporte y deciden por fin quitarse
esa barriguita y comprarse la ropa cara que antes ni se les
hubiese ocurrido porque ¿para qué? si ya tengo novio o
casi ni salgo, y empezar a ser una tía buena. Algo que no
hacían antes por pereza, porque si iban a hacer deporte
no tenían tiempo para su novio o cualquier otra excusa.

Y ahora deciden cuidar su alimentación, dejan los malos hábitos como el tabaco, el alcohol o ponerse hasta las orejas cada fin de semana. Comen sano, hacen mucho deporte que les hace sentirse bien, prueban a hacer pesas, boxeo, aerobic, natación, lo que sea, hacen nuevos grupos de amigos, conocen gente más sana, llenan su cabeza con otras motivaciones mientras cada día son gente con más luz, con mejor apariencia, y que comienzan a gustar a los demás, dejando de ser alguien gris y del montón, dejando de transmitir dejadez, para ahora llamar la atención.

También hay otra clase de gente que he conocido, y que básicamente por rabia, la que les provocaba el pensar que su pareja se fue con otro, o que les habían dejado ahora, con tantos planes de por medio con total indiferencia, se han centrado en acabar sus estudios con una nota cojonuda y han conseguido un curro de puta madre, siempre pensando en poder, cuando pasase el tiempo, hacer que su ex se jodiese por dentro al ver que ahora era una triunfadora en la vida, con un buen coche y piso nuevo mientras él sigue en ese curro de mierda, imaginando el momento en el que él se daba cuenta de cuánto había perdido y se torturase pensando en cómo se equivocó y lo idiota que fue por no darse cuenta de aquel pedazo de mujer que tenía a su lado.

Si te das cuenta en todos estos ejemplos, la persona que estaba jodida se ha propuesto echarle pelotas, crecer y dejar de ser una paleta que no había salido de su barrio, dejar de ser la fofa al que le daba vergüenza quitarse la camiseta en la piscina, o dejar de ser una triste, para ser una persona con un buen empleo y dinero de sobra para enterrar a su ex en billetes.

Este ejemplo de persona que decide reconducir sus sentimientos para crear algo productivo es lo que debes seguir para salir de esta. Crece, no te pares, no te conformes, esfuérzate. Te costará trabajo y tienes que poner de tu parte, así que fíjate una meta y ve a por ello, el camino hasta conseguirla hará que tu cabeza esté distraída y tenga menos tiempo para sufrir. Y cuando lo consigas te sentirás orgullosa de ti misma y serás una versión tuya mejorada. Sea cual sea tu meta, plantéatela y ve a por ella, esto es imprescindible.

Además, el tener nuevas motivaciones hará que tu cabeza quite segundos al sufrimiento constante por el vacío que tienes por tu ex para dedicarlos a las nuevas metas.

También tienes que tener en cuenta que está el lado opuesto, que me ha tocado de cerca. Amigos míos que se levantaban medio llorando, con comentarios del tipo: "¡Ay! Qué mierda todo…. he soñado con ella otra vez… ", "bueno, voy a ver si quedo para hablar con ella" "voy a irme a casa de mi madre a ver si ella con el tiempo se arrepiente y me llama cuando se sienta sola" etc.

Esto es darse cabezazos contra la pared una y otra vez, y levantarse y darse con la misma pared una vez tras otra, y despertar jodido y triste y volver a darse con la pared y así en un ciclo que se repetirá hasta que abras los ojos.

Puedes hacerlo si quieres, las veces que quieras, pero te prometo que al final tendrás que tomar el primer ejemplo a seguir, y habrás perdido un tiempo precioso además estando jodida, que, si hubieras utilizado bien, ahora posiblemente ya estarías recuperada y siendo la persona feliz que eras hace unos meses.

Si estás decidido a elegir el primer ejemplo, sigue leyendo, te explicaré cómo salir de esta y ser el triple de fuerte ante la vida para lo que venga más adelante.

Cómo te sientes

Menudo acojone ahora hacerte Tinder y encontrártelo ¿eh? Venga, hablamos en serio:

Seguramente tengas miedo a estar en casa, en tu cuarto, o simplemente sola. Los pensamientos se meten en tu cabeza y te hacen sufrir, te da miedo ir por esa zona donde puedas encontrártelo. Quizá hasta le veas con otra, te da pánico solo pensarlo.

Todo te recuerda a él y te angustia, estás harta de no poder sacártelo de la cabeza en todo el día, seguramente nada más despertar tengas sensación de alivio porque en sueños has dejado de pensar en él, pero enseguida, al segundo de abrir los ojos vuelven los pensamientos como una nube negra que no te deja pensar.

Estás torpe, sin alegría, no das una. Dejas pasar los días sufriendo y no ves salida a esto. No sabes qué coño hacer, y lo que es peor, de vez en cuando ves una foto suya en Facebook y… ¡¡Me cago en la putaaaaa!! ¡¡Está feliz!! Con sus amigos/as, saliendo, haciendo viajes, divirtiéndose, riendo…

¿Y tú? Tú jodida… jodida y sin alivio, no hay tirita, ni aspirina, ni nada que te puedan decir que te alivie.

Te pones inconsciente hasta que vuelves a casa a gatas y ahí borracha, te da igual todo y eso te alivia el sufrimiento en parte. Pero la resaca multiplica la angustia de los días siguientes por diez, así que creo que la solución no pasa por el alcohol.

Bien, ahora que has debido pensar "Joder, este sabe lo que me pasa exactamente" déjame que te ayude a salir de esta.

Quiere a los demás, pero a ti a la que más

Tienes que quererte, tienes que saber cuánto vales y dejar de sentirte vacía sin él. Tú naciste sola y morirás sola, al igual que lo haremos todos, no puedes depender de alguien que encontraste en la calle, no necesitas absolutamente a nadie, más que a ti misma, para salir adelante en cada situación.

Quiérete

Aprende a quererte y aprende que es necesario que para querer a los demás y para que te quieran debes quererte a ti misma primero. Tienes que respetarte y no te auto humilles, joder. Demuestra a todos, y a ti misma primero, que tú estás por encima. Tienes que tener orgullo y amor propio. No te arrastres, si no te quiere se acabó, que se vaya. A ti te da igual porque tu vida es la hostia, tú no necesitas a nadie y si él quiere compartirla contigo muy bien, pero si no, que le jodan, él se lo pierde.

No montes numeritos

No hagas seas lela. No vayas con una cartita de amor a su casa mientras llueve pensando que eso le ablandará el corazón y saldrá corriendo a darte un abrazo, porque eso solo pasa en las películas. Mientras que en tu cabeza está que él se dará cuenta de que sois el uno para el otro y todo se solucionará, lo que tiene más posibilidades de pasar es que esté allí con su nueva chati, mire por la ventana y diga: "ya está aquí la pesada esta" y los dos se partan la polla de ti.

Crea la versión 2.0

Crece y hazte más fuerte, más guapa, más inteligente, más culta, más interesante.

Nada te puede parar

Empieza a ver todas las cosas buenas que hay en ti y a darte cuenta del enorme poder que tienes. No hay nada imposible, puedes conseguir absolutamente todo.

Quiérete, da igual como seas, eres única entre ocho mil millones de personas que hay en el planeta Tierra. Tú no necesitas estar amargada por algo así, ten la cabeza fría y toma las decisiones desde el el amor propio y la inteligencia. Cuando pase todo esto te agradecerás el no haber perdido tu orgullo arrastrándote, suplicando, o incluso llorando.

Empieza a sentirte bien

Vamos a ser claros, hay dos formas de salir de esta:

- Una es larga y jodida.

- La otra es larguísima y jodidísima.

Si has elegido la segunda opción, sigue como hasta ahora. Sigue encerrado en casa pensando en él, sigue cotilleando sus redes sociales, o sigue llamándole sin saber muy bien para qué. Serás pesada, suplicarás, crearás un mal rollo que te dejará a ti más jodida y acabarás agobiándole.

Al final terminarás viéndole con otra porque él será más inteligente que tú y rehará su vida y quizá hasta metas la pata y digas o hagas algo que no debes por estar despechada y te acabe partiendo la cara su nueva novia.

Si esto pasa, con el tiempo, mucho tiempo, aceptarás que no hay nada que hacer y te resignarás. Con el paso de los años, perderás toda la esperanza entre odio y resentimiento guardando toda esta mierda dentro de ti.

Te deseo suerte si ese es el camino que eliges y aquí estaré para cuando quieras retomar tu recuperación de la única manera posible.

Si eliges la primera, vamos con una norma clara y concisa:

CORTA TODO CONTACTO Y PONTE A HACER DEPORTE

Es imprescindible que cortes absolutamente todo contacto con esa persona, incluso con amigos en común que puedan hablarte de él. No hay excepciones, no vas a volver a saber de él por amigos, ni por familiares, ni vas a mirar sus redes sociales, ni su foto de WhatsApp ni nada, absolutamente nada.

Ahora quizá estés poniéndote la excusa de que cómo vas a cortar la relación con su amiga Susana o Marta o yo que sé, que te llevas muy bien con ella y además tiene tu trilogía del Señor de los anillos.

Pues sí, da igual la excusa que te venga a la cabeza. Corta toda relación, no hay otra solución. Te la compras otra vez y que se la quede. A tomar por el culo Frodo.

Si resulta que erais novios y primos a la vez como los Borbones y tenéis familia en común y os vais a ver en la comida de Reyes… Pues evidentemente no te vas a ir a un bunker o vas a ir con tapones en los oídos. En esa situación se cordial, hola y adiós sin entrar en más conversación. Y si alguien quiere hablarte de él, cortas y dices que no quieres saber nada. Además de venirte bien para recuperarte, te hará quedar como una mujer elegante y con pelotas.

Imagina el caso contrario: La imagen que darías si fueses como una niñata lloriqueando por las esquinas y hablando mal de él por resentimiento. Serías ridícula y darías vergüenza ajena.

Utiliza el ejemplo de la familia para amigos si es que sois/erais del mismo grupo.

Pero vamos, que evites todo sin excepción, es importantísimo hacerlo por un tiempo para recuperarte. Y si tienes que buscar nuevos amigos, los buscas.

Todo será más fácil si en vez de hacerlo porque te lo dice un tal Romojaro, te explico el porqué, así que allá voy:

Es un síndrome de abstinencia química del cerebro, al que llegas por una dependencia emocional de la otra persona. El cerebro segrega sustancias químicas dependiendo del momento, date cuenta de lo siguiente: Puedes sentir la adrenalina cuando algo te asusta y tienes que huir, o puedes notar las endorfinas que te hacen sentirte bien después de darte una paliza y sudar haciendo deporte, como también puedes ver la tristeza que tienes de resaca hasta que el cerebro reajusta los niveles de serotonina…

Ahora mismo tu cerebro está en shock, desregulado por lo que ha pasado, y por eso tienes momentos de angustia extrema en los que deseas recorrer el mundo hasta llegar a su puerta y luego, cuando estás allí, habláis, os dais un abrazo, y el cerebro segrega sustancias químicas que te hacen sentir bien, os despedís (otra vez) para siempre y de camino a casa estás feliz y tranquila, piensas que se acabó, y que ahora sí que te sientes con fuerzas… Pero pasa un día y el cerebro vuelve a tener mono de esa sustancia que segregó al estar con él y vuelve a desesperarte.

Quizá estés borracha en el baño de un pub y mientras meas, con la visión borrosa de lo ciega que vas, pienses que pasas de él y que a la mierda todo. Y al día siguiente con la resaca no puedas sacártelo de la cabeza y quieras llorar. Quizá no tengas nada de hambre y no puedas comer, estés helada de frío en julio y no duermas nada por las noches, ni te haga falta, pero resulta que te suena el móvil y piensas que es él, corriendo lo sacas y… ¡Sí es! Habláis un minuto, cuelgas y ahora ya tienes hambre, calor y sueño.

Todo esto va a lo mismo, un síndrome de abstinencia química del cerebro. (Sí, es triste, pero el amor son reacciones químicas en nuestra cabeza).

Yo recuerdo tener incluso pensamientos bastante absurdos que después me di cuenta de que eran recurrentes en los demás, como por ejemplo desear que pase una desgracia para así tener que volver a vernos, o yo estaba seguro de que si me ofrecían que me tocara la lotería o volver con ella, la elegiría a ella sin dudarlo.

Además, es lógico que tu cerebro te engañe y solo recuerdes lo bueno y veas todo oscuro sin él. Claro, es lo más normal. El cerebro quiere su chute químico y te engañará para ello, te dirá que no pasa nada porque habléis, por ver su Facebook, te pintará el futuro negro si no es con él etc. Incluso lo más normal es que en los últimos coletazos de tu dependencia sueñes con él, son síntomas de que el cerebro ya no sabe qué hacer para que le des lo que quiere y empieza a rendirse.

Si te das cuenta es como una droga, después del tiro, o el chute o lo que sea, te sientes bien, tranquila, incluso ves las cosas con positividad y puedes con todo. Pero cuando pasan unas horas, o quizá días, el cerebro reclama otra vez su dosis, y si no se la das vuelve a entrar en estado depresivo, entonces recaes en la apatía y la tristeza, en pensar en él hasta hundirte y sufrir otra vez. Y se aliviaría momentáneamente con otra dosis, volviendo a hablar con él, por ejemplo, reiniciándose el proceso sucesivamente.

Es obvio que algún proceso químico en nuestro cerebro simula ese síndrome de abstinencia que tiene la droga, por eso tu cerebro te engañará, te hará pensar "llámale, no es nada malo", y te lo meterá en la cabeza para que sea como sea contactes con él y le des su chute.

Incluso cuando seas fuerte y no lo hagas durante semanas, el cerebro hará trucos nuevos para conseguirlo y calmar su adicción: Te hará soñar con él, tenlo por seguro. Esto es parte del proceso, es inevitable.

Bien, no sé si habrá algún tipo de drogadicción que se cure metiéndote otro viaje cuando te lo pida el cuerpo, yo no lo creo, pero en este caso en concreto te aseguro que no. La manera de curarse de la adicción es alejarse de él, cortar de raíz, sufrir lo que sea necesario hasta que el cuerpo y la mente se den cuenta de que no lo necesitan para vivir siendo plenamente feliz.

La única forma de que superes el vacío de su ausencia es que te acostumbres a esa ausencia.

Una vez iba con una amiga mía a comprar algo de comer y me decía lo triste que estaba porque su novio se había cargado a muchas mientras estaba con ella. Le pilló porque le instaló no sé qué en el móvil sin que él se diera cuenta y le vigilaba por GPS desde otro país. Imagínate lo mosqueada que estaba. Resultó que por las noches se iba a una montaña que había en su ciudad donde las parejas van a lo que van en el coche, y estuvo allí dos horas y luego se fue a casa. Cuando le preguntó qué había hecho durante el día, él dijo que estuvo en casa de un amigo echando unos Fifas. Obviamente le cazó porque ella vio en el GPS donde estuvo.

Según entrábamos al chino a comprar macarrones le dije: "¿Te quieres curar? Pues a partir de ahora mismo él te tiene que importar lo mismo que la china que está metiendo los macarrones en la bolsa, ¿Te preocupa lo que la china haga o diga? ¿La buscas en Facebook? ¿Pides su número para ver su foto de WhatsApp a ver con quién sale? Pues lo mismo con tu ex". En el momento le hizo gracia, pero me dio la razón con el tiempo.

Pues tú igual, aléjate de él, ahora tu vida va por otro lado, no busques, no preguntes, nada, esa persona no existe para ti, esto es literal, no es esa persona cariñosa y sincera que te quería y te hacía feliz, ahora es alguien con el mismo culo o la misma sonrisa, pero no es de quien tú te enamoraste.

Deja que pase tiempo, no hay excepciones. Cada vez que actúes así estarás saliendo de esta mierda de adicción, y cada vez que rompas el contacto cero volverás a caer y tendrás que volver a empezar otra vez desde el principio. No te desesperes si esto pasa, normalmente todos la jodemos unas cuantas veces hasta que ya estamos hartos de ver que caemos y que nada avanza. Nos damos cuenta de que hemos perdido un tiempo precioso y entonces al ver que no hay otro camino, es cuando empezamos a aplicar de verdad el contacto cero.

Me gustaría decirte que hay una excepción al contacto cero, que hay una forma en la que hablas con él y sigues viéndole o sabiendo de él y que no te va a doler… pero la verdad es que no la hay.

La vida es dura, lo sé, pero yo te aseguro que, si me haces caso y cortas el contacto, cada día estarás un poco mejor, y también te prometo que, si no lo haces, no mejorarás, que es para lo que estamos aquí, ¿no?

Tienes que saber que ahora todo te va a sentar como una patada en el corazón y otra en el otro sitio. Si ves en Facebook que ha ido con su amigo al centro comercial, tu pensamiento será que va a comprarse ropita de fucker para salir este finde = Sufrir. Si sale en una foto solo en mitad del campo pensarás que hace la foto alguna pelandrusca que se está tirando = Sufrir. Si sale comprándose un teléfono vas a pensar que va a cambiar de número para tener mil tías nuevas en el WhatsApp de cada fin de semana y así tu no podrás ver su hora de conexión = Sufrir. Y así sucesivamente, todo van a ser paranoias y amargura tuyas por tu estado de desamor, así que empieza hoy mismo por borrarle de las redes sociales, bórrate también su número del móvil, aunque te lo sepas de memoria, da igual, borra el chat de WhatsApp, quita sus fotos de tu cuarto, todo, absolutamente todo fuera, como si no existiese.

Solo será momentáneo, no te preocupes, durará el tiempo que necesites para estar bien y después podrás volver a retomar todo contacto, cuando el dolor no te angustie y vuelvas a despertar feliz y con la cabeza despejada.

Evita los momentos de bajón, esos en los que te desesperas y quieres llamarle, los que el mono de él te hace mandarle un WhatsApp o ir a buscarle al trabajo. Cuando te sientas así, cuando te desesperes, llama a tu mejor amigo/a, sal a la calle, o ponte las zapatillas y vete a correr. Lo que sea, pero no te quedes más tiempo igual con lo que estés haciendo mientras los pensamientos te están machacando hasta torturarte.

Tendrás momentos de bajón donde el propio cerebro te engaña con un "no pasa nada si le llamas" o "mándale un WhatsApp y dile que estás debajo de su casa, que lo está deseando" para que le des su próximo chute. Evítalo, sé fuerte, hazlo por ti. Sal de donde estés, deja lo que estás haciendo y ponte a hacer algo distinto, lo que sea. Si es algo físico que incluya sudar y cansarte te ayudará mucho más que ponerte, por ejemplo, con un libro o a ver una serie.

Conseguir sobrellevar los bajones es lo más duro de todo este proceso, si tienes los cojones suficientes para saber que has de pasar ese momento y seguir adelante, tendrás más de medio camino recorrido, y a cada bajón que resistas le estarás dando otro hachazo al sentimiento de mono de él y lo habrás matado un poco más.

Además, piénsalo bien: ¿En que podría ayudarte el llamar por teléfono llorando o mandar un SMS ridículo de amor/despecho a las cinco de la madrugada? Visto desde fuera solo harías el ridículo.

Hay algo importante que quiero decirte con un ejemplo para que termines de entender e interiorizar todo esto: Tienes el corazón roto, lo tienes destrozado, hecho una mierda.

El corazón es lo que tenemos para sentir, a veces incluso te dolerá literalmente en medio de un bajón cuando parece que te mueres de pena.

La cabeza la tienes bien, supuestamente. La cabeza la utilizamos para pensar, para tomar las decisiones. No podemos sentir con la cabeza, no puedes decir: "me voy a enamorar de este chaval porque me viene bien, que sus padres tienen dinero", por ejemplo.

Tampoco podemos pensar con el corazón, esto quiere decir que si el corazón te hace tomar la decisión de llamarle a las tantas y llorando a la desesperada, ¡no lo hagas! ¡mala decisión! te arrastrarás y le darás pena, y la pena y el enamoramiento no son compatibles. Te enamoras de quien admiras, no de quien te hace sentir lástima. No he visto en ninguna película que una secretaria guapa de Nueva York se enamore de un pobre hombre que duerme en un cajero.

Si el corazón te pide que vayas a su trabajo a hablar con él, si el corazón te pide que le mandes algún regalo, si el corazón blablablá, NI PUTO CASO. El corazón está hecho para sentir y la cabeza para decidir, y menos aún vas a decidir con el corazón como lo tienes ahora. ¿Acaso si tienes sed cogerías un vaso de la mesa con el pie en vez de con la mano? Y menos aún si tienes el pie escayolado, ¿no?

Ahora es el momento de que tu cabeza tome el control y sepa sacarte de este marrón. El corazón que se quede tranquilito, que descanse, que se recupere, que se coja unas vacaciones para volver a estar perfecto, que vaya a su ritmo y vuelva al 200% porque, aunque ahora te suene a chino, créeme, lo necesitarás para amar más adelante.

Recuerda, no la líes, no metas la pata cuando estés de bajón. Cuando estés angustiada, cuando tu cabeza te esté haciendo sufrir, jódete y aguanta.

Esos momentos pasan, quizá sean minutos, cambia completamente de situación, ponte a hacer otra cosa y cuando estés serena, cuando pienses claramente, ya decides si quieres romper el contacto cero o si quieres seguir peleando un poco más por ti misma y por tu felicidad.

El 100% de las veces que rompas el contacto cero a la desesperada te vendrá un bajón en el que tendrás que sufrir el triple para volver al punto de antes de que la jodieses, te doy mi palabra de ello. Y comprobarás por ti misma que no miento cada vez que metas la pata y le busques y te toque sufrir. Te acordarás de este párrafo, te acordarás de mí, y pensarás: "que razón tenía".

Ni que decir tiene que un "vamos a quedar para hablar" o "vamos a cenar y nos despedimos y hacemos las cosas bien" o algo que me escandaliza: el quedar para tomar tres cervezas y acabar en la misma cama, es lo peor que puedes hacer.

Nada de esto va a hacer que, aunque él te haya dicho que no quiere seguir contigo, ahora sí quiera. Y la única utilidad que tendrá será subir su ego en la misma proporción que baja el tuyo.

Se irá feliz y tranquilo sabiendo que, como dice mi padre: "cuando hace cus, mueves el rabo", y que ahí sigues como un perrito faldero. Por tu parte te hundirás en la mierda hasta las orejas cuando siga sin querer saber nada de ti y ahora además le tengas tan reciente.

La respuesta a cualquiera de estas cosas debería salir de ti, piensa por un momento: ¿Quieres estar con él "a medias"? ¿Que quede contigo como queda con otras veinte? o por el contrario tú te mereces a alguien que te quiera. Si te conformas con ser una más en su vida es que no has aprendido nada hasta ahora. No te quieres una mierda y no puedes esperar que él sí lo haga. ¿No te das cuenta?

Entiendo que haya momentos en los que tengáis que hablar, porque tenga cosas tuyas, porque tengáis que ver qué pasa con la reserva de las vacaciones que teníais, etc.

Muy bien, aplica la ley de la china que te vende los macarrones, ¿Le das explicaciones a ella de qué vas a hacer con el dinero? ¿Le preguntas si se ha liado con alguien? ¿O simplemente dices: "Hola", haces lo que tienes que hacer, das las gracias y te vas?

Aquí será su ego el que cae mientras es el tuyo el que sube.

Quizá ahora incluso pienses que vas a parecer una raruna. Bueno quizá sí, pero es la actitud que a ti te viene mejor para que se recupere tu corazón, ni más ni menos, y a ti lo que él piense de ti o de tu forma de actuar te da igual, como te da igual lo que piense la china del tatuaje que te has hecho o del concierto al que vas a ir con tus amigas.

Y ahora una cosa entre tú y yo: si había una mínima posibilidad de que él volviese a ti es actuando así. Que se dé cuenta de cómo te quieres, de cómo te valoras, que sea su ego el que se hace pequeño y él quien nota el vacío que le causa el siente que te pierde sin remedio. Si eso ocurriese, si le "recuperas" finalmente, yo te digo desde ya que segundas partes nunca fueron buenas, sin excepción. Pero bueno, ahí ya decidirás tu. Te lo detallo en el siguiente capítulo.

¿Estás decidida a cortar todo contacto? Si la respuesta es "no", cierra el libro, y hazme un favor, dáselo a alguien con cojones que quiera salir de esto de verdad y no a una floja como tú.

Si la respuesta es "sí", vamos con lo siguiente.

Incluyo aquí una cita de Erreaxe en 2012, que ejemplifica bien todo esto:

Cuando alguien que aun queriéndote te deja y se da cuenta del error tan grande que ha cometido, no va a buscarte diciéndote cosas para que sientas pena de esa persona.

Va a buscarte para suplicarte perdón y una oportunidad, para reconocer su error y decirte que te quiere y si es necesario se autoflagela.
Cuando alguien que no te quiere te deja y se da cuenta de que echa de menos la vida tan cómoda que tenía contigo, va a buscarte diciéndote cosas para que sientas pena de esa persona.
Cosas como: "Lo estoy pasando fatal" "No duermo por las noches" "Te echo de menos" "Te necesito en MI vida" "Vuelve conmigo".

¿Vuelve conmigo? WTF! Me dejaste tú y quieres que vuelva YO, como si me hicieses encima un favor. Cuando alguien te quiere, no te pide "aunque sea hablar de vez en cuando". TE PIDE UNA PUTA OPORTUNIDAD de que la vuelvas a meter en tu vida. Una pareja es un "NOSOTROS" no un "YO" "YO" "YO". Las palabras "vuelve conmigo" significan exactamente "Vuelve TÚ conmigo" No, perdona, yo no tengo que volver con nadie, tú me has dejado, eres tú quien debe ganarse el derecho de volver conmigo, de demostrarme que puedo volver a confiar en ti, no yo.

Cuando queremos, pensamos en la otra persona. Tú estás enamorado de tu ex y eres dejada, ¿Qué pensamiento tienes normalmente? Normalmente suele ser "Quiero volver con él" "Daría lo que fuera por volver con él". ¿Por qué cuando tu ex, que no te quiere, en lugar de decirte Quiero volver a tu lado, dice, Vuelve conmigo? Egoísmo.

Contacto cero

Es muy muy probable que, cuando cortes todo contacto, él se vuelva loco, sin saberlo le has estado poniendo una red de seguridad a sus actos, él podía entrar y salir. Estaba feliz porque tú estabas detrás como una tonta suplicándole. Eso le hacía saber que con chascar los dedos te tendría ahí como un perrito; y esa seguridad le ha hecho pasar de ti y vivir su vida sin un solo segundo de angustia por tu vacío, porque tú no has desaparecido.

Al tu desaparecer puede ser que sienta que ya no te tiene calentando en la banda, ya quizá estés haciendo tu vida, quizá otro te esté invitando al cine o haciéndote regalitos caros. Entonces puede ser que se vuelva loco y te llame, y si lo hace te llamará o te escribirá solo "por saber de ti".

Esto, amiga, es solo para comprobar que sigue teniendo a su pelele ahí sentada esperando, él solo quiere que le digas que estás triste y jodida y que ojalá quedéis para hablar, algo lamentablemente ridículo. Entonces en ese momento, cuando tenga la red puesta otra vez, te dirá "ay mira… es mejor no vernos, es que me agobias" y otra vez a estar jodida, por idiota.

Si hacemos contacto cero lo hacemos de verdad, hasta el final, si él quiere volver contigo te lo dirá abiertamente, no lo disfrazará de un "vamos a quedar para dar un paseo o para hablar".

- Si quiere saber cómo estás por WhatsApp: Ni puto caso.

- Si quiere quedar para hablar: Ni puto caso

- Si tienes doce llamadas perdidas suyas a las cuatro de la mañana: Ni puto caso.

- Si va a buscarte al trabajo/universidad para dar un paseo: Ni puto caso.

Y cuando digo ni puto caso es ni puto caso, o sea, el WhatsApp se queda en leído y sin responder (aunque ya debería estar bloqueado).

Si te escribe para ver si quedáis: Se queda en leído.

Si te despiertas y tienes cuatro llamadas, las borras y como si te hubiesen llamado los de Jazztel para que te cambies.

Si va a buscarte, le dices que te viene mal porque tienes cosas que hacer, que ya si eso otro día. Y te vas, con indiferencia y frialdad.

Te repito que si se lo ha pensado mejor y quiere que estéis juntos y seáis felices otra vez, te lo hará saber claramente, si está con rodeos es que solo quiere comprobar que su red sigue puesta.

El contacto cero puede servir para recuperar a la otra persona, para que se dé cuenta que no puede vivir sin ti… sí… pero ese no es el objetivo porque sobre eso no podemos decidir, pero en cambio, si podemos utilizar el contacto cero para recuperarnos, algo que sí depende al 100% de nosotros mismos.

El que tú te recuperes llegará con el tiempo. Si haces las cosas bien será antes que si las haces mal. Pero la única finalidad de este libro es que le olvides y que te despiertes feliz, que vuelvas a ser quien eras, que creas y confíes en ti, y que una vez seas libre de toda dependencia emocional y de toda pena, decidas libremente y con el corazón recuperado a quién entregárselo otra vez, y si es a la misma persona que un día te lo pisoteó... pues eso ya lo decidirás tu CUANDO ESTÉS AL 100%. Nunca olvides que la prioridad aquí eres tú.

El contacto cero es el 75% del camino para estar bien, cuanto más estricto lo hagas antes vivirás feliz como antes, sin angustia y con ilusión, así que espero que hayas asimilado bien lo importante que es para todo esto y te hayas decidido a llevarlo a cabo sin excusas.

Pongo aquí un consejo de algo que puede hacerte meter la pata, sobre todo rompiendo el contacto cero haciendo que tu sufrimiento se multiplique:

Las borracheras te van a alejar de curarte, puedes estar jodida y sentir que al tomarte cuatro cubatas tienes una confianza en ti misma que hace que te la sude todo, pero es una sensación falsa producida por la toxicidad del alcohol, te sentirás mil veces peor al día siguiente ya que el alcohol te deprimirá durante la resaca y verás todo mucho más negro, sin salida a este momento que estás pasando.

Ni la euforia de cuando vas a tope ni la resaca jodidísima de por la mañana son realidad, intenta alejarte de las dos y céntrate en el deporte para conseguir esa misma euforia de manera natural.

Si te digo esto sobre las borracheras imagínate sobre lo demás, fúmate un porro y los pensamientos te torturarán a 2000 por hora. O peor todavía, si te metes unas rayitas o cristal, o un tripi, etc. estarás días, quizá semanas, pasando un infierno.

Estando alcoholizada/drogada no percibes bien y no piensas con claridad, es fácil que metas la pata rompiendo el contacto cero, si esto pasa no sabes el daño que te habrás hecho.

Suda, no seas huevona

Tienes que hacer deporte. Si quieres el camino corto para salir de todo esto tienes que hacerlo. No sé si lo hacías antes y te mola la idea, entonces tienes que darle aún más. Si no lo hacías, tienes que empezar despacito.

La razón (supongo que te entrará mejor si te explico por qué en vez de "porque sí") es que el deporte te hace sentir bien, ayuda a que produzcamos endorfinas. Cuando estés angustiada, agobiada, con ganas de llorar, sea un día gris, todo te recuerda a él, todo lo veas negro etc. ponte tus zapatillas, tus cascos y sal a correr, escucha música y corre. Si nunca lo has hecho lo harás como una vieja al principio, pero da igual, corre, cánsate, no pares, no vuelvas a casa sin cansarte porque el dolor psicológico torturándote con recuerdos será peor que el sufrimiento de quedarte sin aire, corre a tu ritmo, si es necesario casi andando, pero suda… cánsate, te ayudará a llegar a casa sintiéndote bien, ducharte, comer algo y caer seca en la cama.

Esto ya sería suficiente para que el hacer deporte valga la pena y sea indispensable. Digo correr como podría ser tenis, zumba o dar volteretas haz lo que quieras, pero ejercita tu cuerpo, cuídalo, muévelo… empieza a cuidarte por fuera.

Lo segundo positivo del deporte es que te hará verte mejor. Apúntate al gimnasio y ve cinco días por semana, o seis si puedes ir el sábado por la mañana, te sentirás de puta madre. Ese tiempo muerto que tienes ahora puedes invertirlo en ti, en cuidarte, cuida tu dieta, no comas grasas, ni donuts, no hagas la típica escena americana de llorar en el sofá comiendo helado. Vamos a utilizar esta etapa en la que la vida nos está puteando para sacar algo de provecho, a ver si con suerte, mientras te recuperas, mejoras físicamente y un día él te verá hecha un cañonazo de tía, con carisma y autoestima, y haces que se joda por dentro viendo lo que se perdió.

La transformación será lenta, necesitarás constancia, pero valdrá la pena, créeme. Poco a poco, esfuérzate, cuídate, mímate, come sano, compra ropa que te quede bien, gástate dinero en un buen peluquero… joder, compra las cremitas caras que siempre quisiste, es tiempo de mimarte. Estás mejorando mucho en tu actitud como mujer, que te servirá para todo en la vida, y a la vez estás mejorando también tu físico. Estás currándote esa versión 2.0 mejorada de ti que me habías prometido al principio, ¿recuerdas?

El tercer punto positivo del deporte son las nuevas amistades. Todo se quedó atrás, quienes son tus amigos lo seguirán siendo y sabrán que no tienen que decirte ni una palabra de él, bien por sentido común o bien porque tú se lo has dicho, ya que hay gente con menos luces que una patera y te vendrán hablando mierda con el objetivo de cotillear y lo único que producirán es dolor en ti al contarte según qué cosas.

En el gym, en las clases de boxeo, en el club de atletismo, en el equipo de futbol, en aerobic… e incluso si vas a hacer ese deporte de trepar muros por la calle, me da igual, conocerás gente nueva, gente sana además (gente que disfruta con actividades de día es buena gente que te aportarán luz a la vida, gente que vive de noche y entre vicios te traerán ruina) y saldrás con ellos a la cena de

Navidad o a cualquier lado y ampliarás tu círculo poco a poco.

El deporte ha de ser diario, una rutina que te haga tener cosas que hacer cuando terminas tus obligaciones, que llene tu día y que, además, te dé esa sensación de bienestar y buen rollito que te hará ser más atractiva y con carisma.

Personalmente te recomiendo un deporte de contacto, a mí me ha servido y enseñado mucho en la vida y te da muchos valores que te vendrán bien en un futuro.

ES IMPRESCINDIBLE QUE CUMPLAS ESTAS DOS PREMISAS: QUE CORTES TODO CONTACTO Y QUE HAGAS DEPORTE.

Otro punto que podríamos incluir en este capítulo sobre el deporte es el de alcanzar metas. Estaría de puta madre que según vayas ganando seguridad en ti misma, te sientas mejor, y tu cabeza cada día tenga un poco menos de pena (habrá días y días, claro) empieces a proponerte metas ambiciosas. ¿Quieres ese ascenso? ¿Querías montar tu negocio? ¿Tienes que terminar los estudios? Demuéstrate a ti misma que puedes con lo que sea. Lleva a cabo eso que tienes pendiente y crece, crece como persona, siéntete bien contigo, descubre cuánto vales y qué poco te querías cuando te arrastrabas por ese chico. Que nada te pare. El mundo de ahí fuera es tuyo y será lo que tú quieras, todo lo bueno o malo que consigas será única y exclusivamente por tu mérito o culpa, y nadie regala nada. Si sigues algo con esfuerzo y fe, no tienes límite. Así que sal ahí y constrúyete, saca la estrella que llevas dentro.

Utiliza la rabia a tu favor. Piensa en cómo le va a doler a él verte guapísima como vas a estar por cuidarte tanto y además enterarse de que por fin lograste aquello que siempre le decías que conseguirías, ahí dejará de sentir pena y sentirá admiración, y quizá envidia. Cuando llegues a ello no me quedará más que felicitarte.

Pero hazlo, no dejes de hacerlo, no pienses que en otro momento será mejor. Cada segundo que tienes tu cabeza ocupada en pensar cosas productivas, cosas que te harán crecer, será un segundo menos de angustia por pensar en él. Estarás sacando sufrimiento y estarás metiendo positividad en tu mente.

Recuerda que en la vida hay tres tipos de personas nada más:

- Los ganadores.

- Los luchadores.

- Los perdedores.

Puedes elegir entre la segunda y la tercera en cualquier momento, a la primera llegarás con el tiempo. No hay ningún atajo para esto, así que esfuérzate y consigue todo lo que quieras. Insisto en que una mujer con fe no tiene límite. Utiliza el amor propio como cura para ello.

Aquí vamos a hablar de las posibles dudas u "obstáculos" que podrías encontrarte.

Como has visto, el proceso para sentirte bien es bastante sencillo, al menos de explicar: contacto cero, deporte, y en cuanto tengas fuerzas metas nuevas. Eso a la vez incluye que conocerás gente nueva, cambiarás tu rutina, saldrás de tu zona de confort… etc.

Escribirlo es fácil, hacerlo no lo es. Pasa algo así como con la fórmula para ser feliz de Gandhi: *Decir, pensar y hacer lo mismo*. Piénsalo bien, unificando estas tres cosas se es feliz en la vida, pero no es nada fácil.

Yo te aseguro que, si cortas todo contacto, haces deporte y creces espiritualmente con nuevas metas, conocimientos y amistades, serás feliz dentro de muy poco.

El proceso será largo, no hay una regla de tres exacta de que por cada año de relación son tres meses de sufrimiento, ni ninguna otra tontería parecida, hay gente que supera las cosas antes y gente que lo hace después.

Digo que el proceso será largo porque lo pasamos estando jodidos, y así se hace largo incluso un día malo.

Si te hablo desde mi experiencia, a mí me ha ocurrido:

Día 1 me lo pasaba llorando.

Día 3 iba andando solo por la playa y llamaba a un amigo para contarle por teléfono lo triste que estaba y lo mal que lo llevaba.

Día 8 conocer gente y contarles que estaba en un momento malo.

Y el día 15 salir de casa de una chica que había conocido dos días antes e irme hacia el coche sonriendo y pensando "¿Qué coño voy a estar yo amargado por esta?" y nunca más sufrir por esa chica.

Es más, a los cuatro meses me encapriché de otra con la que estuve un solo un año y me costó otros dos dejar de pensar en ella... Así que no hay cómo adivinar qué día exactamente ya estarás bien, supongo que será como pasa con los yogures, ¿Si caduca el día 13, el día 12 a las 23:55 te lo puedes comer, pero 10 minutos más tarde ya no? pues lo mismo.

Asume que durará lo que tenga que durar y que vas a estar jodida, como es natural.

Y ya que es algo con lo que vas a tener que tragar aprovecha para hacerlo lo más llevadero posible, puedes pasar un mes o un año sufriendo en tu cuarto llorando, y hacer que todo sea un infierno y quizás hasta te cree un trauma de por vida. O puedes sobrellevarlo asumiendo que estás jodida, pero que mientras se te pasa te vas a divertir, y puedes invertir tu invierno en ponerte lo más guapa posible y quedar con tus amigas para todos los planes que surjan, y en verano planear una escapada a Ibiza, tú decides cómo llevar tu dolor, yo te recomiendo sin duda la segunda opción.

Tendrás recaídas como es normal. Somos personas, no máquinas. Tendrás momentos de soledad, momentos de nostalgia, y por el contrario te sorprenderás cuando te descubras a ti misma pasando unas horas sin acordarte de él para nada, y lo mismo después de un rato vuelves a recaer y vuelven las ganas de romper el contacto cero.

Será normal que te mueras de celos, que pienses cosas absurdas, seguramente pase que estés en la cama un sábado a la una de la madrugada y estés pensando dónde coño estará él y si se habrá puesto esos vaqueros que le quedaban tan bien, y si estará morreándose con aquella compañera de trabajo tan mona que tenía.

Bueno, lo primero: Ese pensamiento es normal.

Lo segundo: Recordamos a nuestros ex siempre idealizados, como si tuviesen más virtudes de las que tienen en realidad, y más todavía cuando sufrimos por dependencia emocional, así que olvídate, él no está tan bueno.

Segundo, si está en una discoteca comiéndose la boca con una y con otra, sin pensar un segundo en ti, mientras tú estás metida en la cama hecha una puta mierda acordándote de él, ¿Tú crees que esa persona es el hombre de tu vida? ¿debería ser el padre de tus hijos? ¿merece que tú estés pasándolo mal por él? Venga no me jodas.

Imagina por un segundo que no es así, que él decide dejarte porque ya no te quiere, con toda sinceridad, y como tal te lo dice y a él también le duele. Entonces se va a su casa y hace su vida sabiendo que te ha hecho daño, pero que era inevitable porque ya no sentía por ti como debería y eso no se puede controlar, y mientras tú estás en la cama sin poder dormir, él está igual en su casa, intentando distraerse con cualquier cosa para no pensar en lo difícil que es todo esto y queriendo que pronto tú, y después él, os pongáis bien y podáis ser amigos algún día. Aquí sí entendería que sientas que has perdido un gran hombre, aunque tampoco tendría sentido porque ya no te quiere.

Si tienes recaídas por echarle de menos, por un ataque de celos por algo que te han dicho, o por una foto que has visto en Facebook…ES TU PUTA CULPA POR NO CORTAR EL CONTACTO. Y ahora, pues nada, solo hay una solución, dos ovarios y cabeza fría. Asume que es parte de la recuperación y pasa página lo antes posible, si puedes sal a correr, si no, distráete, llama por teléfono a tu mejor amigo/a, cuéntale lo que te pasa y después hablad de otra cosa, algo que os haga reír. Te servirá para sacar tu cabeza de la angustia y tranquilizarla de nuevo, y a seguir peleando.

Quizá le veas sacando al perro, o en el súper, o en la discoteca… y quizá hasta le veas con otra. Bueno asume que desde que te dejó tú no has ido a ningún convento a ver si te dejan meterte allí de por vida, y por lo que se ve él tampoco se ha hecho cura, y menos de clausura. Esto debería hacerte pensar que él está haciendo su vida y no se para a llorar por todo esto, lo cual hace aún más ridículo el hecho de que tu sí lo hagas.

Actúa con frialdad. Si os cruzáis y no te ve, no vayas a decirle hola ni hostias, te vas. Si te ve, hola, sonrisa y adiós. Si quiere hablar de algo, tienes prisa, estás muy ocupada, le dices que has quedado y que llegas tarde, aunque estés volviendo a casa y no tengas nada que hacer en todo el día, No saldrá nada bueno de pararte a hablar con él, nada que te ayude a ir hacia delante en tu recuperación.

Asume que él ya no existe, y es la verdad, él solo está idealizado en tu cabeza, pero no es la persona de la que tú estás enamorada. Él es una persona parecida, pero con muchas más cosas negativas.

Y no te preocupes, podrás volver a hablar con él sin problema, incluso dar una vuelta, pero no por ahora. Necesitamos tiempo y recuperarnos. No la cagues aun viéndote al 99% porque recaerás y todo lo que has peleado antes no habrá servido de nada.

Yo te prometo que hoy en día si viese a alguna de mis ex me daría igual, como si las veo de la mano con mi mejor amigo, indiferencia total. Pero hasta el extremo que me daría igual tomarme una cerveza con cualquiera de ellas o no, tal como la china aquella que ponía antes de ejemplo.

Si pasado un tiempo prudencial llega un mensaje o llamada suya a ver qué tal, valora cómo te sientes, valora lo que has sentido al verlo, si ha habido un 1% de mal rollo pasa del tema; si ha esperado hasta aquí, puede esperar más.

Quizá te gustaría saber si puede ser tu amigo en un futuro, pues yo que sé, ya se verá, igual le ves de forma totalmente distinta cuando estés recuperada y no te interesa. Según hemos dicho, vamos a lo urgente, que es recuperarte tú y luego cuando llegue el momento, vemos lo de la amistad.

De todas formas, en mi opinión, amigo, lo que se dice amigo no creo... de esas que solo se tienen tres en la vida y muchos me parecen. Pero sí que podréis tener una relación de buen rollo y sin rencores del pasado que os hagan pelear, ni lanzaros indirectas.

Al final lo malo pasa y solo nos queda el recuerdo de lo bueno. Quieras o no fue alguien que pasó por tu vida y te aportó cosas, y de quien aprendiste y seguramente te dio cariño en su momento. Fuiste feliz a su lado y eso quedará como un recuerdo lejano. Podréis quedar para comer, contaros cómo os va, incluso hablar de vuestras parejas ya sin rencor y hasta daros buenos consejos. Sí, por eso no te preocupes, pero tienes que hacer las cosas bien, como te he dicho. Si te comportas como una acosadora, pesada, agobiante y una zumbada va a acabar todo fatal y ni siquiera os dirigiréis el saludo el resto de vuestras vidas.

Si tu mal de amores te hace siempre tener la última esperanza de volver con él… puff… a ver cómo te lo explico:

Bien, en "tu estado" es normal que quieras agarrarte a un clavo ardiendo. La verdad es que puede ser que algún día volváis a estar juntos, pero no creo que sea bueno tener esa esperanza. No te lo recomiendo porque te hará sufrir.

Es mejor que sigas teniendo la meta de ser feliz por ti misma, sin nadie más y si en un futuro, cuando vuelvas a ser tú misma y estés arriba, habláis y os habéis echado de menos, no hay rencores y queréis volver a estar juntos, ahí ya lo decides desde la frialdad.

Lo normal es que hayas aprendido de todo esto y des por seguro que en tu camino a tu versión 2.0 conocerás a otros tíos y sabrás identificar las cosas que no te gustan porque las asocies con cosas de otras relaciones pasadas y cortes el rollo antes de tener sentimientos, así que serás más exigente y selectiva y ya no querrás a alguien que sea una fotocopia de tu ex, así que, por supuesto a él mismo tampoco.

Te voy a poner un ejemplo para que lo entiendas mejor:

Imagina que tu ex es muy cariñoso, echa unos polvos de puta madre, pero no te da la chispa intelectual que te gustaría porque se pasa el día viendo el fútbol y te habla de aventuritas de chungo de barrio con 15 años mientras cenáis, cosa que a ti ni fu ni fa, pero bueno "él es como es y le acepto". Además, resulta que su mayor pasión es quedar con cuatro amigos gilipollas, salir y acabar borracho todos los fines de semana y estar el domingo tirado en el sofá hecho un trapo. Te cuentan que Manolita y Pepita estuvieron muy juntitas con él o que llevó a una de ellas a casa un día. Y ella dice que no pasó nada y que tampoco quieren nada, o que si lo quieren él no se da cuenta, que son solo amigos. Y a ti eso te hace sufrir porque sospechas que tienes más cuernos que un vikingo encima de un ciervo con los bolsillos llenos de caracoles.

Ahora imagina que conoces en una piscina mismamente (ahora que estarás ya más buena que el gazpacho si me has hecho caso con lo del deporte) a un grupo de chicos, y hay uno que te mola especialmente. Hablas con él, te ríes, hay buen rollito con todos, pero con este más, tanto que pasáis todo el día juntos, os dais el WhatsApp y al final quedas con él otro día para tomar un vino. Te pones guapa, preparas todo con nervios... etc. Te recoge y vais a un sitio que sabes tú que va a flipar, y cuando llegas allí es la peor noche de tu vida porque se ha pasado toda la cena hablando de Messi, Cristiano y Butragueño. Has intentado hablar con él de otra cosa, pero siempre va a lo mismo porque, sinceramente, no le importan una mierda tus proyectos de vida o lo que hiciste en tu último viaje. Además, bebe el triple que tú, cuando ya estás un poco hasta el chichi dices que quieres irte a casa y te dice que no, que vayáis a su barrio a una discoteca de no sé qué y aceptas por compromiso. Y al final, acaba bebiéndose hasta el agua de los floreros e incapaz de mantenerse en pie.

¿Crees que aun así seguirías adelante quedando con él porque tiene una carita preciosa, la sonrisa te encanta y tiene un culazo? ¿O crees que habrás hecho un filtro previo, el cual no hiciste con el otro, y preferirás despedirte y seguir tu vida porque sabes que esa persona no te conviene?

Pues esta es la enseñanza que te dejará tu ex, y créeme, puedes volver a intentarlo con él, pero lo normal es que quieras algo distinto una vez entiendas todo esto, aprendas y crezcas.

La vida sexual después de la ruptura

Al principio, lo más normal es que no tengas ojos para otros, ninguno te parecerá lo suficientemente guapo, o en el caso de que alguna te lo parezca, le fallará algo que tu ex tenía mejor, ya será el culo, la espalda, el pelo tan bonito que ella tenía o lo bien que se le daba hacer canelones.

Estarás ciega y aunque tuvieses delante al hombre de tu vida no lo verás. Va a ser como si caminases con las dos manos tapando lo que tienes a los lados. Tu sentimiento y tu pena interior hacen que solo puedas pensar en tu ex. Tendrás que curarte poco a poco, dejar que pase el tiempo, dejar que esa dependencia emocional vaya desapareciendo para volver a abrir los ojos y ver lo que tienes alrededor.

Hay una metáfora muy clara que se aplica muy bien a esto. Quizá algún día te des cuenta de que tienes tus manos ocupadas en agarrar algo que se va quedando atrás y que te niegas a soltarlo; y te agarras a ello con todas tus fuerzas y sin mucho sentido ni lógica, además cuando tú misma sabes que necesitas soltarlo para poder coger lo que pasa por delante de ti en el presente, que está lleno de cosas buenas.

El consejo más directo y claro que puedo darte aquí, sobre tu vida sexual en este momento o después es que te escuches a ti y solo a ti. Que hagas lo que te pida el cuerpo, que tengas personalidad para decidir si te vas con uno o con otro o con ninguno, y no te veas forzada por lo que pensarán tus amigas ni nada parecido.

Si un día conoces a un chico y él está interesado en ti y tú en condiciones normales deberías estarlo en él, pero en este preciso momento no te sale, no te apetece, no te fuerces. Por experiencia propia te diré que cuando intentas sustituir, echas más en falta. Así que puede ser que acabes jodida pensando en tu ex en vez de disfrutar la situación.

Poniendo un ejemplo mío:

A mí me ha pasado que harto de no dejar de pensar en ella, de soñarla, de sufrir, me emborrachaba; y un par de veces que acabé acompañado la noche fue un desastre.

Sin darme cuenta buscaba a mi ex en la otra chica y todo era raro. No era con esa chica con quien yo quería estar y quizá en ese momento mis ganas de evadirme me hacían seguir en ello, pero al final, cuando el alcohol me bajaba, cuando me daba cuenta de lo que estaba haciendo, me entraba una tristeza enorme y un par de veces paré, me vestí, pedí perdón y me fui solo a casa, llorando en el coche y pensando aún más en ella. Por gilipollas, por querer forzar la cosa, salía todo fatal.

Para terminar con este ejemplo, una vez conocí a una chica en la boda de unos amigos. Estuvimos hablando y nos dimos el WhatsApp. Nos escribimos durante unas semanas y coincidió que yo tenía que pasar por su ciudad. Había pasado algo más de un año desde que se acabó con mi ex y con esta chica volvía a tener un tonteo y una cosa que me gustaba, que me llenaba, algo que no sentía desde hacía mucho tiempo. Me sorprendía mirando sus respuestas al WhatsApp con una sonrisa, el jugueteo que teníamos, las picardías, el ver que ella también tenía ganas de mí..., etc. Ahí empecé a sentir que ya estaba en la recta final de mi recuperación.

Sea como fuese quedamos, y nos acostamos, y me encantó. Pero lo mejor fue la sensación al salir de su casa en dirección a la estación de autobuses. Era de madrugada y yo iba sonriendo, me sentía de puta madre, aún lo recuerdo. Con un gran alivio interior porque, por fin, después de más de un año me había vuelto a acostar con otra chica, sin que mi ex pasase por mi cabeza, y me sentía libre de amar otra vez perdiendo el miedo a volver a echar de menos a mi ex en la cama.

Con aquella chica me apetecía, ella me gustaba, lo hice sereno, planeado, por atracción… y salió bien. Seguramente esta misma chica conociéndola cuatro meses antes en un bar a las tres de la mañana, y con las prisas de querer olvidar, hubiese sido otro fracaso.

Así que ten paciencia, no te obligues a insinuarte a los tíos buenos que veas a ver si cae algo y así te mejoras, no entres por lo sexual a antiguos amigaos con los que tuviste un tonteo solo por pensar que "un clavo se saca clavando", que igual quedas de desesperada, que eso se huele, y pierdes tu encanto. Si él te gusta, inténtalo cuando te encuentres bien.

Si vas a revisar antiguos rollitos, cosas que dejaste a medias, etc. escribe o llama al que de verdad te gustaba, sal a divertirte y si surge la ocasión y te apetece, acuéstate con uno o con mil, pero no busques la cura a tu malestar en el sexo rápido con cualquiera, además, el ir a saco asustará al chico, aunque le gustes (si, somos muy bocazas pero luego nos cagamos). Suele crear la reacción contraria y puedes volverte a casa siendo rechazada por más de los que puedes contar y con tu ex en la cabeza, lo que será peor que una patada entre las piernas.

Despacito, no hay una fecha exacta, deja que todo pase y que todo llegue. Y créeme, volverás a disfrutar con un hombre, incluso más que con tu ex.

¿El mal de amores se pasa más de una vez o es como la varicela?

Por mi experiencia te diría que sí, pero con matices.

El primer amor te destroza, no sabes por dónde te viene, no entiendes nada. Es una sensación vivida tan bonita y que no tuviste antes, que te desborda y no sabes cómo afrontarlo.

Si te pasa una segunda vez, identificarás las cosas que te pasaron en la vez anterior y sufrirás igual, pero ya sabiendo que no te vas a morir, como no lo hiciste con el otro, aunque por momentos pensases que estabas a punto de hacerlo. Verás que tienes los mismos pensamientos y utilizarás lo aprendido en el anterior desamor para llevarlo mejor esta vez, aunque puede que el segundo amor sea más fuerte que el primero y te duela hasta en el alma.

Si te pasa una tercera y ves que los procesos se repiten otra vez, habrás aprendido a tener el control sobre ti misma para salir de la pena y volver a estar bien, aun entendiendo que quieres a la otra persona y que es normal que te sientas así. Pero has de curarte, como ya lo hiciste otras veces, entonces ahí ya utilizas todos esos sentimientos y escribes un libro como este.

Así que pierde el miedo a qué pasará en el futuro y vive el presente, se todo lo feliz que puedas sin pensar en que igual este sufrimiento te vuelve otra vez dentro de unos años. Eso no lo sabe nadie.

Lo que sí te aseguro es que, si tienes una ruptura en el futuro, sabrás llevarlo de mejor manera.

¿Alguna vez olvidaré del todo o seguiré siempre recordando a mi ex y comparándolo?

Como dice Canserbero, mi cantante favorito: "Sé que hay bonitos recuerdos, pero no es de cuerdos tener recuerdos por obsesión".

Los recuerdos ya no van a servirte de nada, no pueden ayudarte y no hay forma de volver atrás en el tiempo y vivir las cosas buenas de nuevo. Tampoco te servirá machacarte recordando aquel día que habíais quedado y se enfadó mucho y quizá desde ese día todo empezó a acabarse.

Menos aún que recuerdes como fuiste tan idiota de no darte cuenta de que aquella que supuestamente, era su amiga, era algo más que eso.

No te machaques con cosas que ya pasaron y empieza a olvidarlo, esa era tu otra "yo", ya no debes preocuparte por nada de lo que pasase, ahora es momento de aprender a vivir el presente, de forzar las cosas para que tengas un presente bonito como te mereces y por consiguiente, tu pasado a partir de hoy será cojonudo porque vas construyendo un presente de puta madre, y el futuro, que no existe, será cojonudo el día que llegue, porque llegará en forma de presente y tú te has encargado de que sea bueno.

Aprende a tener pensamientos positivos: Imagina que mi Atlético de Madrid de mi alma y de mi corazón va al estadio del Bayern a jugar la Champions y se llevan 6-0. ¿Tú crees que la forma de afrontar eso es juntarse todos en los entrenamientos a recordar continuamente la soba que les dieron y lo paquetes que son? ¿Quizá auto culparse continuamente? ¿Quizá rendirse y no volver a participar en ninguna Champions?

Lo normal es que se vayan jodidos y rabiosos, y que se esfuercen el triple en entrenar esperando el próximo partido contra el Bayern para ir a muerte a por ellos. Se prepararán para ser mejores, sin olvidar lo que ha pasado, pero sin machacarse con ello. Simplemente viendo en qué han fallado para en el futuro, cuando tengan la oportunidad, hacerlo mejor.

Tú debes hacer lo mismo. No te machaques, olvida, ya nada importa y nunca jamás vas a conseguir nada recordando el pasado, da igual lo que sea, jamás, ni por insignificante que sea habrá algún cambio en tu vida a base de recordar el pasado. Mientras te entristeces y le das vueltas a las cosas en tu cabeza, lloras, te frustras, sientes ese dolor una y otra vez recordando como si lo estuvieses viviendo otra vez. Mientras haces eso, estás quitándote tiempo de pensar en cómo mejorar tu presente.

Quiero que sepas que lo normal es que tengas esos pensamientos, esa obsesión en tus recuerdos, es algo normal en todo este proceso y algo que nos pasa a todos. Saber controlar eso, saber distraerte cuando te lleguen, saber enfocar tus pensamientos en algo productivo o simplemente alegre, hará que cada día esos pensamientos sean menos frecuentes. Como quien está dejando de fumar y cada vez que se muere de ganas de encenderse un cigarro lo obvia, se pone a hacer otra cosa y sigue con su vida. Cada vez que tu fuerza de voluntad te haga sobreponerte a ello, estarás dando un palo a tu malestar y a tu agonía, y estarás matándolos un poco más.

Lucha, pelea, estás aquí para eso, para pelear contra esos recuerdos, para superar todo a base de coraje y valentía, que es lo que va a hacer que, en vez de ser una triste anclada en su pasado, seas una mujer orgullosa, con la cabeza alta y que se come la vida a bocados.

Estos sentimientos de mierda que tienes ahora mismo bien enfocados son cojonudos. Normalmente, el los humanos necesitamos motivación para hacer las cosas. Igual te invitan a una fiesta de cumpleaños y no tienes ni puta gana de ir, pero te dicen que va no sé quién y pierdes el culo por estar allí la primera.

Necesitas la motivación del dinero para levantarte a las siete de la mañana e ir a ese trabajo que no te gusta una mierda, pero te motiva el sueldo para llegar a fin de mes. Como a la gran mayoría, como al burro que anda persiguiendo su zanahoria.

El ser humano es pasota y vago por naturaleza. Se acomoda y no le gusta hacer más esfuerzos de lo necesario. Por eso hay más gente con barriga que con abdominales.

Ahora lo más seguro es que tengas una rabia interior enorme, ganas de venganza hacia tu ex; pero no venganza violenta, sino que te encantaría que un día se arrepintiese de todo esto y de no estar contigo, y que sufriese por no tenerte, como tú lo estás haciendo ahora. Es un sentimiento normal, devolver el dolor recibido por instinto.

Ok, perfecto. Utiliza eso a tu favor en vez de frustrarte porque él no está contigo. Haz que le duela en un futuro:

Ponte guapa, es momento de gym, de dieta, de salir a correr, de que te dé el sol y de estar morenita. ¿Te imaginas a ti misma con cuerpazo de compras con una amiga viéndote en los probadores como todo te queda de escándalo, con tu piel bonita, tu pelo largo precioso y tu ropa de divina? Saliendo del coche mientras sonríes a tu ex y a sus amigos de buen rollo porque tú ya lo has superado y ves como todos le dicen: "Hostia chaval ¿esa es tu ex?" Mientras se les cae la baba. Y tu exnovio jodido, por el pedazo de tía en el que te has convertido ahora. Pues PONTE A ELLO.

¿Te imaginas terminar los estudios con nota alta y encontrar ese pedazo de curro en Miami en el que te pagan un pastón y te pasas el día viajando? Piensa cómo sería ir a pasar las vacaciones a tu ciudad y que él vea cómo has triunfado en la vida, mire de reojo a la chica con la que está ahora, os compare y se arrepienta. PONTE A ELLO.

¿Y las veces que le habías contado que querías emprender un negocio? Pues imagina que lo montas y a base de tu esfuerzo te va de puta madre, pasado un tiempo quedas con él y vais a comer a un sitio cojonudo, le cuentas lo bien que te está yendo el negocio, sacas la cartera y pagas. Que se dé cuenta que ahora tienes dinero para enterrarle en billetes y él es un Carpanta. PONTE A ELLO.

Utiliza ese rencor y esa mala hostia como motivación para conseguir tus metas, avanza con ello.

Si te digo la verdad, cuando hayas conseguido cualquiera de las cosas que te has propuesto por rabia, él te va a importar tres cojones, y ni siquiera vas a tener tiempo para ir a tomarte nada con él, ni te interesará, por raro que pueda sonarte ahora. Pero todo el beneficio que te has creado utilizando esa motivación se quedará en ti para siempre. Y bueno, si estoy equivocado y sí que quieres aún hablar con él en un bar, pues mejor para ti, sé una falsa modesta y date el gustazo de dejarle jodido.

Un inciso que quiero hacer en este capítulo es que todo pasa por algo, todo es perfecto. Es una gran verdad. Cuando echamos la vista atrás, todo tiene un significado y todo encaja perfectamente en la historia de tu vida: aquella pelea que te hizo cambiar de amigas, y gracias a ello hiciste un nuevo grupo que te ha ayudado profesionalmente; o gracias a que el coche se quedó tirado en esa gasolinera conociste a una persona que luego fue importantísima en tu vida; incluso, si lo piensas, algo ocurrió para que conocieses a tu ex y fue estrictamente necesario.

Siguiendo esta regla de tres, esto que te está pasando debería ser necesario para algo bueno que te espera en el futuro, ¿no crees?

Por otro lado, vengarte de tu ex es demostrarle que aún le quieres y le estarás dando la victoria sobre ti.

Sé una mujer educada, con honor, con clase y con educación. Sé digna y retírate sin más, no malgastes tu tiempo en malmeter con amigos, ni en hablar mal de él a conocidos. Sé indiferente, como si estuvieses por encima de todo esto, y te hará estarlo de verdad.

No actúes como una niñata resentida y hazlo como una mujer de los pies a la cabeza. Te lo agradecerás cuando todo haya pasado y te servirá para saber actuar en un futuro viendo todo lo bueno que te ha traído.

Además, qué puta pereza da el malgastar tiempo de la vida, que es preciosa, en odiar a alguien. Utiliza tu tiempo para cosas bonitas, para quererte tú, como hemos hablado antes. Además, hay una verdad universal y comprobada que es que cuanto más amor das, mejor te sientes, y cuanto más odio guardas, peor. Así que hazlo por ti. No guardes resentimiento dentro porque te provocará enfermedades, te agriará el carácter y además estarás más fea.

¿Y él qué está sintiendo? ¿Siempre sentiré lo mismo por mi ex?

En primer lugar, si lo que te estás preguntando es si podrás volverte a enamorar: no, seguro que no... Ten en cuenta que somos ocho mil millones de personas en el mundo, de los cuales diremos que la mitad, cuatro mil millones, están en tu rango de gustos sexuales, si es que eres heterosexual u homosexual y no bisexual. ¿Y tú crees que la única persona en todo el planeta con la que serás feliz y de la que podrás enamorarte es una que vive a cuatro calles y que, además, no quiere estar contigo? Menuda gilipollez, colega, es absurdo lo mires por donde lo mires.

Sobre lo que siente él, supuestamente en general mujeres y hombres sufren de la misma manera.

Vamos a ponernos en la situación de que es él quien te deja y vamos a ponernos en el improbable caso de que, por alguna extraña razón, va a estar cinco años encerrado en casa sin salir ni un solo segundo, solo estudiando y sin teléfono móvil. Seguro que esa seguridad que te daría a ti el saber que no irá de cena romántica, ni regalará flores a otra, ni un conjunto medio transparente de Victoria Secret, ni nada parecido, te haría sentirte menos jodida y más tranquila de lo que estás ahora mismo.

Pues quien deja tiene una sensación parecida de tranquilidad. No creo que se desespere pensando en ti, pero sí que habrá pequeños momentos en los que te recuerde y le dé nostalgia. Pero vamos, se le pasará rápido. Otra razón más para que no pierdas tiempo pensando en alguien que no te quiere.

Cita de algo que dijo Queco en 2008:

Ellos rehacen su vida y, de vez en cuando, cuando tienen dudas de si su nueva chati es lo que buscaban, sienten una punzadita: "¿estará ahí? ¿Tendrá a otro?". Y entonces mandan una mierda de SMS/whatsapp, del tipo. "Espero que estés bien". Uno de estos puede joderte tres o cuatro días si haces las cosas bien, y un mes si lo respondes. Ante esto, indiferencia, no significa nada. Es la manera que tienen de ponerte calentando el banquillo y subir su autoestima de paso.

Sobre la pregunta de si le querrás siempre igual que ahora, la respuesta es un NO como una casa. Lo normal es que sufras por él un tiempo, lo eches de menos y quieras volver a compartir tu vida con esa persona. Además, solo recordarás lo bueno, como si nada malo pasase durante todo ese tiempo.

Después, como segundo paso hacia el olvido, pasarás a odiarle, y no podrás ni verle. Le desearás lo peor por tanto daño como te hizo y le guardarás rencor. Le recordarás con mala hostia.

Y finalmente, llegará la indiferencia. Apreciarás los momentos buenos, contarás cosas que hicisteis sin ningún tipo de odio o amor interno y lo verás como parte de un pasado que ya te da igual; incluso podrás tomarte algo en una terraza mientras está al lado con su nueva pareja y a ti te importará tres cojones, como si fuesen dos desconocidos.

Testeos

Hay un comportamiento bastante recurrente los humanos: los testeos. Te voy a explicar a continuación lo que esta palabra significa.

La persona que es dejada en una ruptura recibirá "pruebas" periódicamente de su ex para saber si "sigue ahí". Esto quiere decir que mientras tú estás deprimida, sintiendo un vacío enorme donde nada lo llena, y creyendo que nunca nadie lo podrá llenar porque era único, él ya ha cortado de raíz toda comunicación contigo, pero no siente tal vacío, porque en su subconsciente sabe que estás ahí, que no le has olvidado y que quizá si le va mal pueda hablar contigo y que volváis. Eso le da tranquilidad y hace que su cerebro no le haga angustiarse con tu recuerdo, como te pasa a ti.

Pero lo que hará cuando esté un tiempo sin saber de ti, para reponer esa "red de seguridad" y volver a tranquilizarse cuando se aburra en su nueva y apasionante vida, será contactar contigo por cualquier chorrada, como por ejemplo un "hola, quería saber cómo estás" o un "te mando foto a ver qué traje te gusta más para la boda de mi primo", lo que sea, cualquier cosa absurda. Tu respuesta sinceramente le da igual, si le importases lo más mínimo no te hubiese dejado sufriendo mientras hacía su nueva vida.

Lo único que espera de ti es un "estoy mal... pero bueno..." o "estás muy guapo con el traje, dime que no te liarás con nadie" o cosas así. Incluso, si no consigue esas frases de forma directa, puede que se esfuerce para conseguirlas en plan "a la boda viene Manolita, ji, ji, ji, pero pasaré de ella" para despertarte los celos y conseguir lo que quiere.

Puede que incluso llegue a darte esperanzas con tal de ver que si, como dice mi padre, "cuando hace cus, mueves el rabo" (referido a los perros, supongo) con frases como: "Oye, ¿quedamos algún día para tomar algo y hablamos bien?". Algo que nunca sucederá, por cierto. Una vez tenga su red puesta de nuevo y sabiendo que estás calentando en la banda esperando para salir, volverá a desaparecer hasta que necesite otra dosis de autoestima.

Este comportamiento no es que sea algo exclusivo de tu ex porque es más malo que los demás, sino que es algo generalizado en el comportamiento humano y que se hace casi instintivamente. Yo mismo reconozco haberlo hecho en mis primeras relaciones hace muchos años y es algo que hoy en día no haría, hago, ni haré.

Muy bien, ya hemos hablado del contacto cero y de lo malo que es para nuestra recuperación el tener noticias de él, y de por qué había que cortar toda comunicación, pero tampoco podemos irnos a vivir a la Antártida, y si de verdad quiere sabrá cómo comunicarse contigo: desde llamar directamente desde su móvil o el de alguien con alguna excusa, a llamar a alguien que esté contigo y decirle que te pase el teléfono o cualquier cosa que se le ocurra.

Sobre cómo actuar ante los testeos te puedo dar varios consejos y además enseñarte una regla: La regla de los 5 segundos.

Ante cualquier tipo de testeo, estamos ocupados. Me explico:

Que estás tirada en la cama llorando y te suena el móvil, esperamos cinco segundos y entonces descolgamos con normalidad:

- ¿Sí?

- Hola, Manolita.

- Hola, Manolito.

- Me he acordado de ti y te llamo a ver cómo estás.

- Emmm vale… guay… (con indiferencia) pero me pillas un poco mal ahora mismo, déjame que te llame en diez minutos.

- ¡Vale! Venga, hasta ahora.

- Hasta ahora.

Bien, esa tiene que ser la duración de la llamada, con diez segundos sobra, cualquier cosa que se alargue de esto te está jodiendo y haciéndote daño a ti. Quizá ahora mismo no lo creas, pero si no sigues exactamente lo que te digo y te crees más lista que nadie, acabarás por darte cuenta tú misma.

Antes de seguir te voy a aclarar una pregunta que seguramente tendrás en la cabeza: ¿Y si resulta que me llama para decirme que se lo ha pensado mejor, que soy la mujer de su vida y que quiere estar conmigo y no separarnos nunca más?

Vale, pues en ese caso, te llama y te lo suelta, no te llama para ver qué tal y ya que estáis hablando te dice: "Pues oye, que me acabo de acordar, que eres la mujer de mi vida". No, eso no va así.

Si quiere volver a ti arrepentido encontrará la forma de ir a tu casa, pedirte perdón y suplicarte otra oportunidad. Aunque hayas cambiado de casa, de ciudad y de país, como tú hubieses hecho si de ello dependiese el volver a estar con él.

Una persona que quiere estar con otra se lo dice directamente, si esto no ocurre es porque no quiere estar contigo, así que vuelve al punto donde te decía que te quieras y tengas honor, dignidad y amor propio y no estés como una idiota al otro lado del teléfono para decirle lo que él quiere escuchar mientras que ya lleva un tiempo pasando de ti, feliz con su nueva vida.

Sigamos. Después de esa conversación, cuelgas el teléfono y no vuelves a llamar, jamás, bajo ningún concepto. Por dos motivos principales:

- Tú llevas ni se sabe cuánto tiempo esperando esa llamada que nunca llegaba. ¿Cuántas veces has sentido que te vibraba el bolsillo y has sacado el teléfono en medio segundo para ver si era él y al ver que no tenías ni un wasap suyo, ni una llamada, ni nada, te has llevado una decepción? ¿Cuántas veces te has dejado el móvil en tu habitación para no tener la continua idea de llamarle o de mirar la pantalla y has deseado al llegar a casa tener alguna notificación de él? O incluso, se te ha encogido el estómago al ver que tenías varios WhatsApps y al mirarlos, ni uno era de suyo. Pues ahora es tu turno, ahora vamos a darle la vuelta a la historia y va a ser él quien va a estar mirando el teléfono a ver por qué no llamas, llamándose a sí mismo desde el fijo de casa para ver si es que se le pira la cobertura. Ahora el poder lo tienes tú. Que se joda.

- Nos vamos a demostrar amor propio y respeto a nosotros mismos, te sentirás mejor dando este pequeño paso, donde tú no te pones por debajo de él una vez más y estás como un perrito faldero, sino que ahora en esta situación es él quien te llama y tú la que está tan ocupada que no puede contestar; y, además, tienes una vida tan increíble que se te pasa llamarle después.

Si cumples esto al pie de la letra él va a entrar en modo pánico porque le estarás quitando su red, ya no te tiene al otro lado como una boba, ya no tiene a nadie que le baile el agua. Seguramente insista en llamar, no seas impaciente, no seas tonta y lo estropees ahora. No contestes. No hay nada en esa llamada que pueda venirte bien, créeme, absolutamente nada.

Si quiere volver contigo vendrá a tu casa a decírtelo a la cara porque entenderá que estés molesta y que ahora tenga que currárselo, y seamos claros, ¿Crees que si tuviese la intención de decirte "Te quiero mucho, quiero volver contigo, perdóname, amor mío" entregándote su corazón, cambiaría de idea pensando "ah, no me lo coge… Pues ya no la quiero más". No, ¿verdad?

Porque si crees que sí, utiliza tú ese mismo argumento; llámale el sábado por la noche cuando esté con sus amigos de cachondeíto y, si no te lo coge, decides que ahora ya no le quieres tú, y habrás superado todo esto en tiempo récord.

Deja que suene el teléfono y solo en el caso de que ya sea algo molesto, descuelga cuando hayan pasado cinco segundos. Y no alargues la conversación más de diez, por tu propio bien. Puede que tu estado ahora mientras recuperas tu autoestima, te haga dudar y quieras pensar que me equivoco y que "él es distinto" y que quizá quiera hablar para arreglar las cosas. Muy bien, cuando te equivoques y sufras, acuérdate de qué fue lo que hiciste mal y vuelve a empezar desde el principio.

La siguiente llamada-testeo debería ser algo así:

- ¿Sí?

- ¿Manolita...? Joder, te he llamado veinte veces y no me has devuelto la llamada (de mal rollo).

- Sí, es que no paro y llegué a casa muy tarde como para llamarte. Ahora me pillas entrando al cine / teatro / clase / trabajo / secta, te llamo cuando salga, de verdad.

- Si es solo un momento.

- Ya, pero es que no puedo, yo te llamo, adiós.

CUELGAS Y NO LLAMAS.

Vamos a mandarle así el mensaje de que contigo no se juega, que tú eres una pedazo de mujer, con las cosas muy claritas, y que no tienes tiempo para tonterías de niñato. Te habrás puesto por encima de él y habrás recogido tu orgullo del suelo, lo habrás limpiado y lo habrás vuelto a poner en el lugar donde siempre debió estar.

Aquí, para terminar con esto, me gustaría citar un texto escrito por Vedma en el 2015, al cual no le he editado ni una sola coma, porque tocar cualquier cosa sería empeorarlo:

Mira, cuando tú dejas se pasa por varias fases, euforia por haber hecho lo correcto, nueva vida... etc. Pasan los meses y esa euforia desaparece, nada es nuevo, te aburres un poco, la cola de admiradores, como la entrada para ver a Justin Bieber, que pensabas tener no es tal y se parece más a la cola del súper un martes a las cuatro de la tarde.

La vida fuera de la pareja no es tan bonita como pensabas y te planteas si tomaste la elección correcta. Llega la duda. Y piensas: "¿Me seguirá queriendo? ¿Si la busco la encuentro? Y pruebas... testeo. Si contesta, toma ya, soy la hostia, aún me quiere, puedo tener a quien quiera porque, fíjate, qué estupendo soy. Si no contesta... Joder, ¿Ya no me quiere? ¿Tan poco le importé? No puede ser, si me quería muchísimo, no le habrá llegado... testeo 2 con ligero rencor.

Si contestas al 2, ¿ves? ...Aún me quiere. ¿Cuál será el número de la buenorra del gimnasio? Quizá le mande una foto guarra a ver si follamos...

Si no contestas...cabreo supremo. No me quiere, que vida perdida, pensaba que me quería más... y experimentan el mismo duelo que pasaste tú cuando te dejaron. Al final es egoísmo. Yo, yo, yo y el que venga detrás que se joda.

Borrón y cuenta nueva, no arrastres miedos o prejuicios de tus relaciones pasadas. Cada persona es un mundo y tienes que querer otra vez sin miedo a ser traicionado, sin miedo al dolor, aunque te hayan engañado y hayas sufrido lo insufrible, da igual.

No sufras nunca por anticipado, no seas una celosa que piense que él conocerá a alguien y te dejará como hizo el otro. Nunca encontrarás dos hombres iguales, tendrás que confiar ciegamente y regalar toda la libertad y la confianza a la persona que quieras, ya que será el regalo más bonito que puedas hacerle.

Además, por curiosidades del comportamiento humano, cuando eres celosa y restrictiva con él generas el efecto contrario, si le prohíbes salir con sus amigos, sentirá el deseo de hacer lo prohibido y querrá hacerlo cuando es algo que quizá ni pensó antes. Si te pones celosa y pesada con una de sus amigas y llegas a agobiarle con preguntas sobre ella o desconfianzas, vas a hacer que se acabe fijando en ella.

No culpes a tu nueva pareja de los errores de la antigua, solo te traerá problemas y revivirás malos momentos pasados.

Como ejemplo quiero ponerte uno que me sorprendió en su día:

Tengo un amigo que es bastante pasota en general, es alguien que tiene interiorizado por naturaleza el no pensar si le engañan o le dejan de engañar, no le dedica ni una milésima de segundo a ese pensamiento por lo tanto es inteligente, porque no sufre jamás por anticipado. Si llega el día que ve que ella ha estado con otro, simplemente la deja y punto, sin calentarse la cabeza antes.

Bien, este amigo mío tenía su novia, hacía años y recuerdo una vez estando yo en la casa donde ellos vivían, ella empezó a contar que iba a irse con cuatro amigas solteras a Punta Cana. Lo que para cualquier hombre podría ser causa de entrar en pánico y clara indicación de que hay que empezar a tomar calcio para que los cuernos te salgan fuertes, en el caso de mi amigo fue como el que oye llover, la conversación fue algo así:

- Novia: La semana que viene me voy nueve días a Punta Cana con estas.

- Amigo: Ok, que te lo pases muy bien.

- N: ...Emmm...

- A: ¿Qué?

- N: ¿Te da igual?

- A: No... me alegro por ti.

- N: ¿No me quieres o qué? ¿Te da igual que me vaya a Punta Cana "con estas"? ¿Tú sabes a lo que va la gente a Punta Cana?

- A: No, joder... no sé... ¿Qué quieres? Haz lo que quieras, yo confío en ti.

- N: Es que parece que te la suda.

- A: No... pero es que no sé qué quieres que diga.

Bueno, habrás flipado con la conversación, pero sabes que estas conversaciones son reales y normalmente lo admitimos riéndonos. El caso es que no se fue a ningún lado porque pensó: "Este cabrón quiere que me vaya... a ver si es que quiere quedarse él solo para follarse a otra". Total, que quitándole importancia y sin mostrar celos se ahorró una situación que a él se la hubiese soplado, pero a muchos tíos les molestaría y no sé si podrían seguir una relación normal después.

Y lo que tengo claro es que, si él hubiese dicho, en tono de mal rollo, que como fuese a ese viaje la relación se terminaría, ella entonces sí que hubiese ido y además enfadada con él, porque "es que me agobia y no me deja hacer mi vida". Y lo mismo hasta sí que le hubiesen recetado calcio a mi colega.

Otro ejemplo que siempre me gustó y aunque puede sonar feo espero que nadie se lo tome así, ya que me gustaría explicarlo porque creo que define perfectamente el comportamiento humano, es el de sacar a pasear al perro como símil de la vida en pareja:

Si yo saco a mi perro a dar una vuelta y estoy cada dos segundos detrás de él diciéndole "Eh, no toques eso, "eh, no te comas eso", "ehhh, pssss, eehhh, ven", "ehhh, no te vayas", Ehhh", etc. El perro cada vez va a pasar más de mí porque sabe que estoy detrás de él y va a hacer lo que quiera; y yo detrás como un idiota intentando cortarle todo el tiempo.

Si en vez de eso saco al perro, paso de él y voy a lo mío, el perro no se separa de mi lado y estará pendiente de mí en todo momento; intentando no irse muy lejos no vaya a ser que me pierda de vista y se quede solo en la calle toda la noche y sin comida puesta en el plato suyo.

Pues algo así nos pasa a los humanos, a todos sin excepción. Así que aprende esto y da toda la libertad del mundo a tu nueva pareja y no sufras por anticipado, deja que haga y deshaga, que entre y que salga, y esa libertad le hará quererte aún más. Y si te quiere estará a tu lado como su prioridad absoluta en la vida.

Como bien decía Canserbero: "El secreto de la vida para disfrutar cada momento, es que debes cantar como si nadie te estuviese escuchando, debes bailar como si nadie te estuviese mirando, y debes amar sin miedo a ser traicionado, aunque sin darle prioridad a quien prioridad no te ha dado, claro".

Y sobre tu comportamiento debes aprender de cuánto has sufrido con sus mentiras, si es que las ha habido, para no mentir tú a alguien a quien quieres.

Date cuenta de todo el dolor que pueden causar mentiras y engaños en alguien que te quiere ciegamente y pone toda su confianza en ti. Ahora que ya lo sabes, se buena persona, sé una "mensch", como dicen los judíos, y ten buen corazón. No traiciones al que sea tu próximo compañero en esta vida y actúa como una mujer respetable mirando siempre a los ojos para decir la verdad.

Si no hubo mentiras en tu ruptura, si todo fue sano y simplemente se acabó el amor, pero aun así estás jodida, aprende cuánto puede doler una ruptura, cuánto significa cada palabra y el cuidado que hay que tener con la otra persona.

Si tienes una segunda ruptura y eres tú quien deja, ya sabes cuánto daño hacen los testeos, no se los hagas a él para subir tu autoestima.

Quiere a tu nueva pareja y ámala con todo tu corazón, haz que sea el hombre más feliz del mundo, aprovecha todo lo que has aprendido en tu relación o relaciones pasadas para pulir esas pequeñas cosas, y saber tratarle aún mejor, y por supuesto vuelve a ser feliz estando enamorada sin miedo a que las cosas salgan mal.

Poquito a poco.

Luto necesario y la razón que tenían tus amigos

Tienes que saber que no verás resultados y felicidad el primer día. Seguramente al leer el libro sientas euforia y cuando lo termines estés motivadísima, pero el dolor seguirá ahí. Tienes que pasar un luto necesario por haber querido a alguien y tienes que asumirlo como algo natural, incluso dar gracias porque todo este sentimiento de pena viene como una resaca de tanto bonito como sentiste en el pasado. Y da gracias, porque te aseguro que por más puñales que puedas llevar en tu espalda, sufre mucho más la qué no ama.

Tendrás un camino lleno de caídas y tendrás que levantarte, tendrás bajones, una mala resaca, el saber de él, el hacer algo que te recuerda a él, un olor… cualquier cosa te golpeará y caerás. Tendrás que volver a levantarte, mirarte al espejo, ver tu cara, ver, recordar la guerrera que hay en ti, la fuerza que tienes, recordar quién eres, cuánto vales y volver a la pelea.

Y cuando hayas vuelto y te sientas con fuerzas, verás que hay momentos más largos de lo que puedes imaginar en los que tu cerebro descansa de él y piensa en otras cosas, y verás que estás saliendo, pero volverá otro tropiezo y tendrás que volver a levantarte de nuevo.

En esto consiste la vida. Da igual el ámbito.

Todo esto continuará así hasta que llegue el día en el que las caídas ya sean tropiezos pequeñitos y tus ojos empiecen a irse detrás de otros chicos. Tus recuerdos ya no serán tan traumáticos ni pensarás que estará con otra y te amargarás. Tendrás recuerdos neutros, te quedarás con lo bueno y le desearás lo mejor, sin que te vaya mucho la vida en saber qué tal le va.

Pero asume que tienes que pasar un luto sentimental por esa persona querida, que el camino será de altibajos y que, si esto no ocurriese así, deberías preocuparte porque serías una sociópata sin los sentimientos normales del ser humano. Y, lo que es peor, una gilipollas que se ha gastado unos euros en un libro que no necesita en vez de echarlos a la quiniela a ver si cae algo.

Respecto a tus amig@s, déjame decirte algo: sí, ell@s tenían razón, aunque te joda. Sí, tía, esto es así, y lo es en el 100% de las veces.

Si tu grupo de amigos/familia/gente cercana te dice que él es malo y te mangonea, es que lo hace. Si te dicen que está con otra, es que lo está. Si te dicen que es un amargado y desde que estás con él tú eres otra amargada igual, es que lo es, y lo eres. Y así sucesivamente.

Tus amig@s no tienen nada que ganar diciéndote las verdades a la cara y sí mucho que perder por entrometerse en cosas de tu vida y la de tu pareja. Así que aprecia a quien te demuestre que le importas, que se preocupa y que quiere lo mejor para ti metiéndose en un lío, el cual podría evitar, solo por amistad.

Puedes darte cabezazos con lo mismo eternamente, pensar que todos están equivocados, que tú eres más lista, que le tienen manía "porque sí", puedes pelearte con todos porque estás tan confundida que no sabes ni cómo actuar, pero que sepas que tienen razón.

Así que cuando quieras aferrarte a lo que sea para intentar convencerte de que tus amigos están equivocados y que él es el mejor, procura siempre ser educada con ellos, estar calmada, ser comprensiva y no perder las formas, para que el día que tengas que decir "perdón, me equivoqué, no vi que me lo decíais por mi bien y teníais razón" todavía quieran escucharte y perdonarte.

Conozco a bastantes idiotas que se han quedado solos por su soberbia y su mala educación, y han acabado a voces e insultos con todo el mundo, a pesar de que los amigos les hablaban con toda la sinceridad y el cariño del mundo para ayudarlos.

Así que ya sabes, para ir aclarándote: donde veas humo es que hay fuego. Confía en tus amigos. Si tus amigos te dicen que por ahí vas mal, es que realmente vas mal.

Vale, muy bonito, pero ahora ¿cómo empiezo?

Creo que si el libro terminase sin esta parte te quedarías a medias pensando: "¿Qué? ¿Ahora me deja sola? ¡No me jodas!".

Bueno, como decía Mufasa en El Rey León: "Ya te he enseñado el camino, ahora tendrás que recorrerlo sola". Así que ponte con ello, sabes que tienes que anteponer tu par de ovarios a tu debilidad, que tienes que ser inteligente, ¡siempre sé inteligente!; además debes llenar tu tiempo con deporte y actividades de ocio, tienes que construir algo en la vida y tienes que renovarte, no olvides que no debes saber absolutamente nada de él, ni directa, ni indirectamente porque te hará dar pasos atrás.

Aquí además ya está todo inventado. Puedes pensar que el Romojaro este no tiene ni puta idea y que a ti te va a ir muy bien marujeándole su Facebook todas las mañanas porque te sabes su clave y que así te curarás antes, pero estarás jodiéndola, te lo digo desde ya.

Empieza ya, en este mismo instante, y no te desesperes en las recaídas, ten fe, sigue adelante, pelea, renuévate y evoluciona. Sé más mujer, sé más carismática, ten más luz.

Cuando te haga falta, si se tambalea tu voluntad, si tienes un mal día, relee, vuelve a sentirte identificada con lo que yo escribí en su día, vuelve a coger fuerzas y sigue adelante para salir de esto.

Si metes la pata no pasa nada, levántate, sacúdete el polvo y vuelve a la pelea.

¿Hay alguien de los que leáis este libro que se va a rendir? ¿Alguien va a quedarse a un lado del camino llorando? No, ¿verdad? Pues ya sabes, saldremos a base de cojones.

Empieza a salir de esto hoy, no esperes a mañana, no pierdas más tiempo.

Ahora que has hecho paso por paso todo lo necesario para quitarte la angustia y la tristeza de encima, suelta el último lastre.

Tienes que perdonar todo el daño que te hizo, tienes que perdonarle y no llevar odio ni rencor dentro, lo tienes que hacer por ti, para liberarte, para vivir más y mejor. Perdona hasta el último detalle y si vuelves a verle, háblale bien, sin malas palabras, sin malos gestos.

El perdón es necesario al final de todo el proceso porque mientras sigas guardando sentimientos (buenos o malos) jamás lo habrás superado del todo. Necesitas hacerlo por ti, nunca tendrás tanta autoestima y luz propia como cuando te liberes de toda carga en tu corazón.

Tienes que hacerlo por ti, pero también tienes que entender que él, como tú, es humano y que pudo equivocarse, y que pudo equivocarse mil veces. Seguramente en un futuro, cuando recuerde el daño que te hizo, se arrepentirá, así que perdónale. Deséale lo mejor de corazón y recapacita por un momento sobre la persona tan diferente, sabia y madura que eres ahora tras la experiencia pasada.

Y aquí termina este manual de vida y optimismo. Espero haberte dado la fuerza suficiente para que te sobrepongas a todo y que hayas interiorizado lo que te he contado.

Y que muy pronto me escribas para decirme que te sientes bien y que vuelves a despertar feliz.

Escribí este libro con la idea de ayudar a quien estuviese tan jodido como yo y que pudiese ver una salida a su sufrimiento.

Por favor, si te ha gustado deja una reseña para que llegue a más gente.

https://www.amazon.es/s?i=digital-text&rh=p_27%3ARodrigo+Romojaro&s=relevancerank&text=Rodrigo+Romojaro&ref=dp_byline_sr_ebooks_1